Honig

lecker und bekömmlich

TONER

Honig

lecker und bekömmlich

Allgemeine Honigkunde
Gesund mit Honig
Honig in der Kosmetik
Kochen mit Honig
Backen mit Honig

unipart

Inhalt

Einleitung

Eine einfache Regel

Der wohl berühmteste Heilkundige des Mittelalters Paracelsus, dessen Erkenntnisse und Lehren auch heute noch Bestand haben, prägte unter anderem auch folgenden Leitsatz: „Lasset unsere Nahrungsmittel Heilmittel und unsere Heilmittel Nahrungsmittel sein“. Was Paracelsus schon im 15./16. Jahrhundert als Grundsatz für ein gesundes Leben sah, dem ist auch bis heute nichts wirklich Neues hinzuzufügen.

Eine ausgewogene Ernährung bedeutet viele frische Zutaten, Obst, Gemüse, frische Kräuter. Wenig tierisches Fett, wenig raffinierter Zucker, Alkohol in Maßen. All diese bekannten Maßregeln sind eine bessere Gesundheitsvorsorge für unseren Körper als unsere heutige Schulmedizin sie uns bieten kann. Unsere körpereigenen Schutzmechanismen und Abwehrkräfte reichen nämlich in der Regel aus, um uns gesund und vital zu erhalten bis ins hohe Alter. Diese zu unterstützen und zu mobilisieren und Krankheiten gar nicht erst entstehen zu lassen, ist allemal besser als nachträglich zu heilen – egal wie gut oder modern die Medizin und Therapie ist.

Wir wissen immer mehr und nutzen immer weniger!

Was sich seit Paracelsus grundlegend gewandelt hat, das ist die Wissenschaft und Forschung – gerade auf dem Gebiet der Medizin und auch der Ernährungslehre. Es fließen heutzutage

Millionen in die Erforschung von Vitaminen, Mineralstoffen und vielen anderen Lebensmittel-Bestandteilen. Die Wissenschaft liefert ständig neue Fakten und die Industrie setzt dieses Wissen in „gute Nahrungsmittel" um. Es werden immer neue Lebensmittel „erfunden", mit noch besseren Nährwerten, weiter reduziertem Fettgehalt und, und, und.

Wir wissen heute besser als vor einigen hundert Jahren wie unser Körper funktioniert. Wie das, was wir essen, unseren Körper und unseren Geist prägt. Die Forderung von Paracelsus zu erfüllen und ein gesundes Leben zu führen und bis ins hohe Alter agil und gesund zu bleiben, erscheint uns heute leicht. Vorsorge und Heilung alleine durch unser tägliches Essen, eine wirklich erstrebenswerte Vorstellung. Aber sind wir wirklich soviel weiter als unsere Großeltern?

Wir sind in dem Land, wo Milch und Honig fließen

Wir haben die Mangelerkrankungen praktisch abgeschafft, es gibt für jeden hochwertige Nahrung im Überfluß. Viele Krankheiten, die durch zu wenig oder schlechte Nahrung begünstigt werden, haben wir zurückgedrängt. Aber es gibt auch die Kehrseite der Medaille. Viele Menschen leiden unter Übergewicht, die Erkrankungen des Herz-Kreislauf-Systems nehmen rasch zu. Stoffe, die im Verdacht stehen krebserregend zu sein, sind teilweise in unserer Nahrung zu finden.

Der Mensch ist, wie er ißt

Wir sollten uns von solchen Meldungen nicht verunsichern lassen und uns die Lust am Kochen und natürlich auch am Essen nicht nehmen lassen. Ein gut gekochtes Mahl zu zweit oder zusammen mit Freunden genossen, ist noch immer die beste Medizin für unseren Körper und unsere Seele! Einzig der Rat frische Lebensmittel zu kaufen, wann immer es möglich ist, frisch zubereitet und vorallem mit Spaß und Liebe gekocht, den Rat sollten Sie sich zu Herzen nehmen.

Leider können wir in der heutigen Zeit nicht jeden Tag ein Menü zaubern und aus dem Essen ein Fest machen. Aber gerade deshalb sollten wir in unseren täglichen Speiseplan soviel frische und gesunde Lebensmittel einbauen wie es uns möglich ist.

Unsere täglichen Helfer

Es gibt Lebensmittel, die haben nachweislich eine positive Wirkung auf unsere Gesundheit. Lebensmittel, die nicht nur Nahrung, sondern fast in gleichem Maße auch Heilmittel sind. Ganz im Sinne von Paracelsus!

Wenn Sie diese Lebensmittel ganz bewußt in Ihren täglichen Speiseplan aufnehmen, dann tun Sie sich Gutes in vielfacher Hinsicht. Sie können guten Gewissens Ihre Mahlzeiten genießen, es wird Ihnen schmecken und Sie halten sich ohne Anstrengung und Extra-Aufwand fit und gesund. Sie tun jeden Tag, mit jedem Essen etwas für Ihre Gesundheit und Ihr Wohlbefinden.

Eines dieser Lebensmittel – im wahrsten Sinne des Wortes – eines mit ganz hervorragenden Eigenschaften ist der Honig!

Die konzentrierte Kraft unserer Natur

Altbekannt und bewährt und seit über 10.000 Jahren unverändert. Geschätzt als Nahrungsmittel, Heilmittel und Luxusgut. Ein Stoff für die Götter und Könige.

Schon seit Menschengedenken gehört Honig zu den begehrtesten Nahrungsmitteln. Und schon sehr früh wußte man auch um seine Heilkraft. Daß er dazu noch köstlich schmeckt muß nicht extra erwähnt werden. Zumal zu früheren Zeiten als es noch keinen Zucker gab.

Der Zucker wie wir ihn heute überall zu Pfennigpreisen kaufen können, kam erst Mitte des 18. Jahrhunderts nach Deutschland, die erste Rübenzuckerfabrik entstand in den 20er Jahren des 19. Jahrhunderts. Davor gab es nur wenig Süßes, keine Schokolade, oder Regale im Supermarkt an denen man heute so schwer vorbei kommt! Damals war der Wert des Honigs natürlich ungleich höher als heute.

Erst die moderne wissenschaftliche Forschung belegt den hohen Wert des Honigs für unsere Gesundheit und unser Wohlbefinden. Das was Bienen unermüdlich produzieren und durch die Imker für uns alle zugänglich wird, ist in manchen Belangen den modernen Medikamenten ebenbürtig oder gar vorzuziehen.

Die Geschichte des Honigs

Die ersten Zeugnisse von Menschen, die Honig sammeln, stammen aus der Mittleren Steinzeit. Diese Höhlenzeichnungen wurden vor über 10.000 Jahren v. Chr. gemalt.

Die Biene – das älteste Nutztier des Menschen

Wann genau diese Zweckgemeinschaft zwischen den Bienen und uns begann und auch wie sie sich entwickelt hat ist nicht eindeutig zu klären. Unsere Vorfahren haben noch als Jäger und Sammler gelebt, als sie entweder selbst den ersten Honig der Wildbienen probierten, oder aber sie haben es von Meister Petz abgeschaut. Der Bär holt sich den Honig einfach indem er den Bienenstock zerstört - die Bienenstiche dringen nicht durch seinen dichten Pelz. Wahrscheinlich haben die Menschen die Überreste einer solchen Mahlzeit versucht und sind natürlich gleich auf den Geschmack gekommen.

Zu Beginn taten sie es dem Bären gleich und brachen einfach die Bienenstöcke auf und entnahmen die Waben. Wie sie das angestellt haben, mag man sich gar nicht vorstellen. An Imkerpfeife und Schutzkleidung war damal nicht zu denken. Die ersten Zeugnisse dieser „Honigjäger" finden sich als Höhlenzeichnungen in Südspanien. Sie stammen aus dem Zeitalter der Mittleren Steinzeit, dem Mesolithikum (12.000 - 9.000 v. Chr.). Es ist aber anzunehmen, daß schon in der Altsteinzeit der Honig auf dem Speiseplan der Menschen stand. Recht früh kam man wohl auch auf den Trick, daß Rauch Bienen fernhält, und darauf, daß man einen Bienenstock öfter ausbeuten kann, wenn man ihn nicht zerstört, sondern nur einen Teil der Waben vorsichtig herauslöst. Das war der Beginn der ersten einfachen Honigwirtschaft.

Erst in der Bronzezeit, als die Menschen langsam seßhaft wurden, entwickelte sich dieses einfache Sammeln zum etwas planvolleren Beobachten und Nutzen. Die Stöcke der Wildbienen wurden markiert, so wie das auch bis ins späte Mittelalter hinein unter den Zeidlern üblich war. Und es wurde wohl auch begonnen in der Nähe der eigenen Behausungen abgestorbene Baumstämme auszuhöhlen, um Bienen anzusiedeln. „Ihre" Bienen beschützten die Menschen gegen die natürlichen Feinde – die ersten Schritte in dieser Gemeinschaft waren getan.

Honig – ein Schatz in allen Hochkulturen

Alle Hochkulturen der Weltgeschichte kannten die Biene und ihre Nutzung. Bei den alten Ägyptern war der Honig als die „Speise der Götter" so hoch angesehen, daß man sie den Pharaonen als Grabbeilage beigab. Honig diente als Zahlungsmittel – ein Topf Honig entsprach dem Gegenwert eines Esels oder eines Rindes. Und es gab im alten Ägypten Beamte, die für den ständigen Nachschub des süßen Stoffes zu sorgen hatten.

Man wußte auch um den Zusammenhang zwischen hohen Erträgen im Obstanbau und in der Imkerei. So bildete sich schon recht früh der Berufszweig der Wanderimkerei. Es sind zahlreiche Rezepte überliefert, sowohl Koch- als auch Heilrezepte.

In der Antike hochgeschätzt

Wie auf so vielen Gebieten, legten die Griechen des klassischen Altertums auch bei der Imkerei den Grundstein für unsere heutigen Erkenntnisse. Sie waren die ersten, die sich theoretisch dem Wesen der Biene, ihrer Staatenbildung und der Honiggewinnung widmeten. Auf diesem Gebiet betätigte sich auch der berühmte Gelehrte Aristoteles, der die Tiere sehr genau beobachtete und seine Ergebnisse auch in bekannten Schriften veröffentlichte. Das zeigt welch hohe Bedeutung man der Erforschung dieser Insekten beimaß.

Der Gott der Bauern Aristäus Inventor Mellis gilt als Meister der Bienenzucht.

Das Wissen, das man im Laufe der Zeit zusammentrug war immens. So kannten die Heilkundigen einige hundert Rezepte zur medizinischen Anwendung. Die meisten davon kann man auch aus heutiger Sicht nur bestätigen. So wurde Honig zum Beispiel zur Wundbehandlung verwendet oder auch zum Senken von Fieber.

Die Griechen wußten wohl noch nichts von Sportmedizin oder -ernährung und auch nichts von Monosacchariden und Di- oder Polysacchariden. Allerdings war man sich der unmittelbaren Leistungssteigerung beziehungsweise der schnelleren Erholung durch Einnahme von Honig durchaus bewußt. Dieser Sachverhalt basiert auf dem hohen Anteil von Einfachzucker im Honig, der vom Körper direkt verarbeitet werden kann. So bekamen die Athleten der olympischen Spiele Honigwasser zu trinken, damit sie sich nach ihren Anstrengungen schneller wieder erholten. Der

Trank wurde allerdings erst nach den Wettkämpfen gereicht, sonst könnte man hier durchaus von einer Urform des Doping sprechen.

Auch bei den Römern, die ihre Blütezeit etwas später hatten, stand der Honig hoch im Kurs. Beinahe alle römischen Gelehrten studierten die Bienen. Viele ließen sich Bienenstöcke bauen, die mit Sichtfenstern versehen waren, um das Treiben im Stock besser beobachten zu können. Es gab bei den Römern umfangreiche Schriften zur Imkerei und jeder Gutshof besaß ein Mellarium – ein Bienenhaus. Es gab das angesehene Berufsbild des Imkers, einen regen Handel mit Honig und auch im alten Rom wurde der Honig als universelles Heilmittel bewundert. Er sorgte sowohl in vielen Speisen für Wohlgeschmack und fand auch in der Medizin vielfältige Anwendung. Das reichte bei den Römern von der Wundauflage über die Fieberbekämpfung bis hin zur Behandlung bei Potenzstörungen oder sogar bei seelischen Tiefs – heute würde man von Depressionen und von Psychopharmaka sprechen.

Man hatte im klassischen Altertum also die Biene und den Honig durchaus studiert und wußte sehr viel über die alltägliche Anwendung. Heutige wissenschaftliche Analysen bestätigen dieses riesige Spektrum der Anwendungsmöglichkeiten.

Von der Zeidlerei zum modernen Imkerbetreib

In Deutschland war man lange Zeit auf dem Stand der Griechen und Römer stehengeblieben. Das Wissen, das man hatte, gab man an die nächste Generation weiter, neue Erkenntnisse kamen nur in bescheidenem Umfang hinzu. So beschränkte sich die Bienennutzung für lange Zeit nur auf die Ausbeutung von „gefundenen" Waldbienennester.

Man suchte im Wald nach Bienenvölkern, markierte die Behausung mit seinem Zeichen und erntete fortan in diesem Bienenstock durch mehr oder minder vorsichtiges Herausbrechen von Teilen des Nestes. Das störte den natürlichen Ablauf in einem Stock massiv. War man nicht vorsichtig genug und zerstörte zu viel oder zur falschen Zeit, war der Fortbestand des ganzen Volkes gefährdet. Es war also durchaus Fingerspitzengefühl und eine genaue Kenntnis über die Bienenstaaten vonnöten. Eine genaue Beobachtung wie es im Inneren eines Bienenstockes zugeht, kann man auf diese Weise nicht anstellen.

Indem man geeignete Bäume aushöhlte, schaffte man den Bienen Nistplätze und hoffte, daß sich beim nächsten Schwärmen ein neues Volk im vorbereiteten Baum niederließ. Aus dieser Arbeit der Zeidler - dem Aushöhlen von Bäumen oder abgestorbenen Baumstümpfen - leitet sich übrigens auch der Ausdruck vom „Bienenstock" ab.

Erst unter Karl der Große erfährt die Imkerei neue Impulse.

Die naturgegebenen Bienennester wurden aus dem Baumstamm herausgesägt. In diesen Klotzbauten wurden die Bienen dann in der schützenden Nähe des Hauses gehalten

Er erließ umfangreiche Bestimmungen zum Imkereiwesen und ordnete an, daß auf seinen Krongütern überall Bienenzucht betrieben werden solle.

Der König der Franken begründete damit um den Nürnberger Reichswald ein frühes Zentrum der Imkerei. Ein Zusammenhang zu den berühmten Nürnberger Lebkuchen ist hier leicht zu erkennen.

Von der Wild- zur Hausbiene

Den nächsten Schritt in Richtung moderne Imkerei ging man dadurch, daß man sich die Bienen ans Haus holte. Klotzbauten nannte man hohle Baumstämme, die man einfach passend zurecht gesägt und an beiden Seiten mit Holzbrettern verschlossen hatte. Diese waren bequem zu transportieren und man mußte nicht mehr im Wald nach „seinen" Bienen schauen. Der nächste Schritt waren dann die sogenannten Stülper - geflochtene Körbe aus Stroh, Binsen oder Weiden. Das ist die typische Form des Bienenkorbes, an die man auch heute noch denkt.

Aber auch hier war das Problem, daß man Teile der Waben herausbrechen und damit zerstören mußte. Es gab auch weiterhin keine Möglichkeit Einblick in den Bienenstock zu nehmen, ohne ihn zu beschädigen.

Eine wesentliche Verbesserung war das Herstellen von Bienenbehausungen aus grobem Flechtwerk. Noch heute werden Strohstülper in der Lüneburger Heide verwendet

Die Imkerei in ihrer heutigen Form

Jahrhunderte hatte diese Honigwirtschaft Bestand und sie erlebte ein Tief und das scheinbare Aus, als Zuckerimporte immer billiger wurden und letzten Endes der Zucker in Europa industriell hergestellt werden konnte. Süßes für jedermann und zu Pfennigbeträgen!

Der vorerst letzte große Schritt in der modernen Imkerei war die Erfindung der beweglichen Waben. Holzrahmen in denen eine Mittelwand aus Wachs eingespannt ist, die schon die typisch sechseckige Wabenstruktur vorgibt. Die Bienen nehmen diese Hilfe an, und so entstehen in diesen Holrahmen die Waben, die später den leckeren Honig tragen. Der Imker kann so bequem einzelne „reife" Rahmen entnehmen, ohne den Bienenstaat zu stören. Die Honigschleuder war dann nur noch ein weiterer kleiner Schritt, um auf verträgliche Art den reinen unbehandelten Honig zu gewinnen.

Weitere Vorteile dieser modernen Bienenhaltung liegen in der verbesserten Pflege und Beobachtungsmöglichkeit der Völker. Der Imker kann seine Bienen beobachten, um zum Beispiel einen Krankheitsbefall frühzeitig festzustellen und auch die Behandlung dagegen besser durchzuführen. Außerdem muß er auf der Suche nach der Königin nicht Teile der Bienenstockes zerstören.

Über die Jahrhunderte hat sich so eine nützliche und gut funktionierende Partnerschaft zwischen Bienen und Menschen entwickelt. Wir können dadurch ein hochwertiges Lebensmittel gewinnnen, das wie ganz wenige andere seit Jahrtausenden unverändert und unverfälscht Bestand hat.

Die Bienen und der Imker

Das Bienenleben

Was die Arbeitsbiene in ihrem kurzen Leben leistet, klingt nahezu unmöglich. Sechs bis sieben Wochen wird sie nur alt, aber in dieser Zeit durchläuft ihr Körper eine ständige Metamorphose. Sie wandelt sich in dieser kurzen Zeitspanne ständig und passt sich dadurch den unterschiedlichen Aufgaben an, die sie im Bienenstock verrichtet.

In den ersten Tagen ihres Daseins als ausgeschlüpfte Biene kümmert sich die Jungbiene beinahe ausschließlich um die Sauberkeit der Waben im Stock. Jede Wabe wird gründlich gesäubert um Platz zu schaffen für eine erneute Eiablage der Königin.

Während dieser Zeit als „Putzbiene“ bilden sich innerhalb von zirka drei Tagen Nährstoffdrüsen heran. Mit diesen Drüsen, die sich am Kopf gebildet haben, überninmmt die Biene dann die Ernährung der nächsten Generation.

Nach zirka zehn Tagen bilden sich diese Drüsen allmählich zurück, dafür entwickeln sich zwischen ihren Bauchschuppen die Wachsdrüsen heran. Ab jetzt kann die Biene Wachsplättchen produzieren und neue Waben bauen, falls welche benötigt werden. Die Bauleistung die die Bienen vollbringen, wäre sicherlich ein eigenes Kapitel wert.

Praktisch ohne Vorarbeiter oder Anleitung bauen tausende von Bienen so exakt ihre sechseckigen Waben, daß jeder Architekt neidisch werden müsste. Die Winkelsumme beträgt immer genau 720°, die Wände sind auch bei den wild lebenden Bienen, die keine Holzrähmchen vorgegeben bekommen immer exakt senkrecht. Die einzelnen Waben hingegen sind leicht nach oben geneigt, so daß der Honig nicht herausläuft. Bisher wurde noch nie eine Abweichung von diesem Bauprinzip entdeckt. Ganz gleich, ob nun in Mitteleuropa, im asiatischen Raum oder auf dem amerikanischen Kontinent. Und auch die sechseckige Grundform hat System. Keine andere Form erreicht bei so geringem Gewicht und Materialverbrauch eine so große Festigkeit wie die ineinandergeschachtelten Sechsecke der Bienen.

Wenn nicht gebaut wird, nimmt die Biene nun den Nektar der heimkehrenden Biene an und verarbeitet diesen zu Honig.

Die Honigproduktion

Der eingebrachte Nektar und Honigtau wird in den Waben gelagert. Zur Honigproduktion muß ihm zuerst Wasser entzogen werden. Das geschieht dadurch, daß die Biene den Futtersaft ständig aus ihrer Honigblase drückt, ihn durch den Rüssel auspumpt und die Tropfen sofort wieder einsaugt. Bei dieser Prozedur verdunstet nach und nach immer mehr Feuchtigkeit und der Futtersaft wird dabei langsam dickflüssig. Gleichzeitig werden dem „Vorhonig" Enzyme aus dem Honigmagen der Biene zugesetzt. Diese Enzyme setzen eine chemische Reaktion in Gang, bei der der Zucker des Nektars und Honigtaus umgewandelt wird in Traubenzucker und Fruchtzucker. Außerdem erhält der spätere Honig eine Vielzahl an weiteren Mineralien, Säuren, Vitaminen und nicht zuletzt seinen endgültigen Geschmack, Geruch und seine Farbe.

Bis zur vollkommenen Reifung wird der zunächst „unreife Honig" in Waben eingelagert. Erst wenn der Wassergehalt des Honigs bei ungefähr 20% liegt, ist er ausgereift und wird nun endgültig eingelagert. Die gefüllten Waben werden mit Wachs luftdicht verschlossen und dienen den Bienen als Vorrat. Der größte Teil dieses mühsam hergestellten Stoffes muß auch im Bienenstock verbleiben, der Imker kann davon zwischen 20 und 40 Prozent entnehmen.

Zum Außendienst

Einige der Bienen dürfen vorab schon mal nach draußen schnuppern. Sie werden zum Wachdienst eingeteilt und prüfen am Flugloch jeden, der in den Stock will. Nicht immer sind das ausschließlich Bienen. Der süße Honig zieht natürlich auch andere Tiere an. Alles was am Flugloch ankommt, wird genau berochen, ob er auch den typischen Stockgeruch hat, ist das nicht der Fall, wird der Eindringling vertrieben. Egal wie groß oder stark, im Stock hat er nichts zu suchen. Die Waffen der Bienen, ihre Stacheln und das Bienengift sind gefährlich. Die meisten werden schon einmal schmerzhafte Bekanntschaft damit gemacht haben. Bei anderen Insekten und kleineren Tieren wirkt das Gift entsprechend stärker. Es führt sehr schnell zu Lähmungen und kann auch tödlich wirken.

Nach diesem ersten Außendienst werden alle Bienen zirka am zwanzigsten Lebenstag Trachtbienen und schwärmen aus, um Nektar und Honigtau zu sammeln. Das tun sie dann bis zu ihrem Tod.

Der Kompaß der Bienen

Wie die Sammelbienen zu ihren Nektar- und Honigtauquellen, den Trachtpflanzen finden grenzt an ein Wunder. Diese Insekten haben eine komplexe „Sprache" aufgebaut um sich gegenseitig zu führen. Sie geben über eine Körpersprache - den sogenannten Rund- oder den Schwänzeltanz - alle Informationen an ihre Stockkolleginnen weiter, die diese brauchen, um genau die gleichen Trachtpflanzen zu finden. Wieviele Informationen in diesem Tanz stecken, ist verblüffend.

Zu allererst hat die Biene, die in den Stock zurückfliegt den Pollen und den Geruch der betreffenden Futterquelle an ihren feinen Häarchen über den ganzen Körper verteilt. Alle anderen Sammelbienen wissen also sofort um was für eine Quelle es sich handelt, wie die Pflanzen riechen und schmecken. Das sagt schon alles über die Qualität der Futterquelle.

Nun beginnt der Tanz. Und je ausdrucksvoller, tempramentvoller er ist und und je länger getanzt wird, desto ergiebiger ist die Futterquelle. Bei einem einzelnen Strauch wird sich die Bienen also nicht „so ins Zeug legen“ wie bei einem ganzen Feld oder einer blühenden Wiese. Ein sehr direkter Hinweise für alle anderen Bienen. Die können sich nun schon einmal ein Bild machen von dem, was sie suchen sollen. Nun fehlt noch die Entfernung und die Richtung.

Hier haben die Bienen eine sehr ökonomische Weise gefunden, wie sie diese Informationen weitergeben können. Für Kurzstreckenflüge, etwa bis zu 100 Meter, haben sie einen anderen Tanz, wie für Entfernungen die größer sind.

Führt die Kundschafterin also einen sogenannten „Rundtanz“ auf, wissen alle sofort, daß die Futterquelle in einem Umkreis von bis zu 100 Meter entfernt ist. Mit dem Geruch in der Nase, schwärmen die Bienen aus und suchen die nährer Umgebung des Stockes nach diesem Duft ab.

Tanzt die Biene dagegen den sogenannten „Schwänzeltanz“, steckt darin die Information: die Futterquelle ist weiter als 100 Meter entfernt. In diesem Fall bekommen die anderen Bienen eine Richtungsangabe und auch die Information, wie weit sie fliegen müssen.

Die Richtungsangabe vermitteln die Bienen indem sie die Sonne als Bezugspunkt nehmen und dann den exakten Winkel vortanzen, den ihre Kolleginnen fliegen müssen, wenn sie am Flugloch des Bienenstockes stehen. Da die Trachtbienen im Bienenstock die Sonne aber nicht sehen, benutzen sie ein Hilfsmittel. Die senkrechte Linie von unten nach oben bedeutet immer „in Richtung Sonne“, quasi 0°.

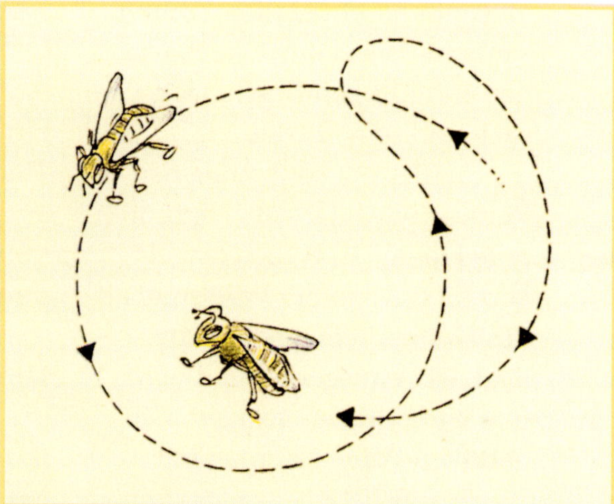

Führt die Biene einen „Rundtanz“ auf, ist die Futterquelle im näheren Umkreis des Bienenstockes zu finden

Bei einem „Schwänzeltanz“ ist die Futterquelle weiter entfernt, wie weit ist auch im Tanz verschlüsselt

Wenn die Biene auf ihrem Schwänzeltanz dann beispielsweise 40° von dieser Senkrechten abweicht, wenden sich alle anderen Bienen beim Verlassen des Flugloches ebenfalls exakt 40° weg von der Sonne und starten ihren Flug.

Zusätzlich zu dieser Orientierungsleistung, berücksichtigt die Biene aber auch den zeitlichen Ablauf des Tages. Sie korrigieren mit Hilfe ihrer inneren Uhr ständig ihren Tanz. Wenn sie zum Beispiel eine Stunde später weiteren Sammelbienen die gleiche Fundstelle zeigen will, tanzt sie ihren Schwänzeltanz nicht um 40°, sondern um 55° gedreht, weil die Sonne in dieser Stunde um exakt 15° weitergewandert ist.

Nachdem nun alle Bienen die Richtung kennen, ist die Entfernung eine weitere Information, den der Schwänzeltanz vermitteln kann. Die Biene tanzt bei diesem Schwänzeltanz immer Halbkreise, mal links und mal rechts herum. Auf den Geraden, die ja immer exakt auf der gleichen Linie verläuft, „schwänzelt“ die Biene mit ihrem Hinterleib. Dieses schwänzeln gibt den anderen Bienen die genaue Information wie weit die Futterquelle vom Bienenstock entfernt ist.

Genau wie bei der Änderung der Schwänzelrichtung in Abhängigkeit von der fortschreitenden Zeit, so schwänzelt die Biene schneller oder langsamer um die Entfernung anzuzeigen.

Ganz offenbar gehen die inneren Uhren aller Bienen exakt im gleichen Takt. Denn es gibt einen genauen Zusammenhang zwischen der Anzahl der getanzten Schwänzelkreise, die in einer bestimmten Zeit ausgeführt werden und dem Abstand zur Futterquelle. Bei 500 Metern Entfernung zur Futterquelle führt die Biene 24 Schwänzeltänze auf, bei 1000 Metern sind es nur noch 16 und bei 5000 Meter werden gerademal acht Halbkreise getanzt.

Offenbar verfügt die Biene über ein sehr genaues Zeitgefühl und auch über eine Art Entfernungsmesser. Diese Sinne müssen bei allen Bienen gleich angelegt sein, eine Art universeller Code, denn diese Bienensprache funktioniert bei allen Bienen, egal ob eine Biene nun langsamer oder schneller fliegt, ob Rücken- oder Gegenwind herrscht, die Bienen finden immer zu den vorgegebenen Fundstellen.

Die Kundschafterin merkt sich die Länge der Strecke die sie zurückgelegt hat und übersetzt diese Entfernung in einen konstanten Takt mit dem sie ihren Tanz aufführt. Über diesen Takt, über die Geschwindigkeit mit der sie tanzt, zeigt sie allen anderen Bienen wie weit sie zur Futterstele fliegen müssen.

Mit all diesen Informationen ausgestattet fliegt die Biene los und bringt neuen Futtersaft in des Stock um das Volk am Leben zu halten. Ein unglaublich komplexer Ablauf, der sowohl eine individuelle geistige Anstrengung einer einzelnen Biene einschließt, nämlich die Orientierung im Gelände und die anschließende Übersetzung in die Körpersprache. Aber auch eine kollektive sozial-orientierte Leistung, die alle in Bewunderung versetzt, die sich näher mit der Biene und den Bienenvölkern befassen.

Nicht umsonst haben die Ägypter und die Griechen der Antike in dem sozialen Verhalten und der Organisation im Bienenstaat ein Vorbild und Ideal für das menschliche Zusammenleben gesehen.

Die Bienen orientieren sich bei ihren Futterflügen am Stand der Sonne.
Sie berechnen bei ihren „Wegbeschreibungen" für die anderen Bienen im Stock sogar den Lauf der Sonne während des Tages.

Honig – flüssiges Gold

Honig ist Vielfalt

Den Honig zu beschreiben fällt schwer, den typischen Honig gibt es nämlich gar nicht! Fragen Sie einen Winzer nach einer Beschreibung für Wein – er wird ihnen sagen, daß er aus Trauben hergestellt wird und kann die Weinlese und -produktion allgemein beschreiben, aber spätestens dann wird er fragen welchen Wein sie meinen.

Genau so verhält es sich mit dem Honig. Es gibt viele hundert Sorten von Honig und wie beim Wein gibt es auch hier ganz spezielle, ausgesuchte Qualitäten und solche, die man für den täglichen Gebrauch sehr gut empfehlen kann. In den Regalen der Supermärkte findet man in der Regel zwei bis drei verschiedene Sorten. Oft einen hellen und cremigen und meist einen dunkleren flüssigen Honig. Wenn man nun beim Bild mit dem Wein bleiben möchte, stellt sich der Supermarkt einen Rotwein und einen Weißwein ins Regal und sagt, ‚das ist das Weinangebot'.

Honig ist ein reines Naturprodukt und dadurch natürlich auch den Schwankungen des Klimas und der Vegetation ausgesetzt. Jede Ernte zeigt normalerweise einen eigenen Charakter, ist unterschiedlich in der Farbe, im Geruch und natürlich auch im Geschmack. Aber nicht nur was offensichtlich zu sehen ist, zu riechen oder zu schmecken, sondern auch die stoffliche Zusammensetzung ist von Jahr zu Jahr und noch stärker von Honig zu Honig unterschiedlich. Damit geht natürlich auch eine unterschiedliche Wirkung auf unseren Organismus einher. Wenn der Honig also vorbeugend oder zur Behandlung von Beschwerden verwendet werden soll, kann man diesen Umstand für sich nutzen. Zu diesem Thema finden Sie auch weitere Informationen im Kapitel Gesundheit.

Der kleine Unterschied

Wenn man bedenkt wie der Honig entsteht, dann kann man gut verstehen, daß es wie beim Wein so auch beim Honig immense Unterschiede in den einzelnen Sorten gibt.

Prinzipiell gibt es zwei große Gruppen von „Rohstoffen" aus denen der Honig entsteht. Zum einen ist da der Nektar. Hierbei handelt es sich um eine süße, stark duftende Flüssigkeit in verschiedenen Pflanzen, die die Aufgabe hat, Insekten anzulocken. Die Insekten, die sich auf der Pflanze niederlassen, um an diesen Nektar zu gelangen, nehmen etwas von dem Blütenstaub der Pflanze mit und übertragen diesen bei ihrem nächsten Besuch auf eine andere Pflanze. Diese Flüge von Blume zu Blume und die damit verbundene Bestäubung machen natürlich nicht nur die Bienen, sondern auch viele andere Insekten. Die meisten anderen Tierarten sind allerdings nicht so artentreu wie die Biene. Sie besucht über einen längeren Zeitraum immer wieder die gleiche Pflanzenart und leistet deshalb für die Bestäubung und das spätere Blühen und auch das Früchtetragen bei den Obstbäumen einen enorm wichtigen Beitrag.

Der andere „Rohstoff", den die Biene sammelt und zu Honig verarbeitet ist der Honigtau. Dabei handelt es sich um einen süßen Stoff, den blattsaugende Insekten, etwa die Blattläuse, ausscheiden. Diese Insekten stechen mit ihrem Rüssel in die Nährstoffbahnen der Pflanzen und ernähren sich von den dort fließenden Pflanzensäften. Dieser sogenannte Honigtau überzieht die Blättern und Nadeln der verschiedenen Bäume und wird von den Bienen lediglich mit ihrem Rüssel aufgesaugt, gesammelt und in den Stock gebracht. Generell handelt es sich bei den Waldhonigen immer um Honigtau-Honige.

Die Deklarierung eines Honigs zum Beispiel als Tannenhonig oder Lindenblütenhonig ist natürlich nicht so zu verstehen, daß alle Bienen eines Volkes ausschließlich an einer Stelle und von einer Pflanzenart gesammelt haben. Wenn eine Sortenbezeichnung verwendet wird, dann entstammt der Honig überwiegend dieser Trachtpflanze, schließt aber immer auch kleine Anteile anderer Sorten mit ein. Die bereits erwähnte Blütenstetigkeit der Biene begünstigt eher sortenreine Produkte. Die Gewinnung sortenreiner Arten hängt also vielmehr vom Pflanzenangebot ab, das die Biene vorfindet. Das wiederum sind Faktoren die hauptsächlich von der Region und dem Zeitpukt des Sammelns bestimmt werden.

Eine Biene die im Hochsommer in der Lüneburger Heide unterwegs ist, wird sicherlich eine ganz andere Ausbeute in den Stock einbringen, als ihre „Kollegin", die im ersten Frühlingssonnenschein über eine Bergwiese in den Bayrischen Alpen fliegt. Wenn Sie sich nun noch einen Eucalyptus Wald auf dem australischen Kontinent vorstellen, oder die endlosen Wiesenflächen in Canada, und zum Abschluß die Vegetation auf einem Hochgebirgs-Plateau in den Anden, dann bekommen Sie in etwa eine Vorstellung von der möglichen Vielfalt der Honige.

Jeder dieser Honige spiegelt die Besonderheiten der Vegetation und die klimatischen und geologischen Gegebenheiten seines „Geburtsortes“ wider. Auch hier drängt sich ein Vergleich mit dem Wein geradezu auf. Es gibt nämlich einige Honigexperten und -liebhaber, die verkosten ihren Lieblingsstoff und können oft mit bemerkenswerter Präzision die Sorte bestimmen, und auch aus welcher Region der Honig stammt. Daß auch schon Jahrgang, Bienenrasse und Nord- oder Südhang bestimmt worden sei, darf man dagegen getrost anzweifeln.

Nur das Beste für Biene und Mensch

Nach all dem zuvor Gesagten, kann man nicht guten Gewissens an eine Analyse gehen und sagen: „So muß guter Honig sein!“ Es werden also Durchschnittswerte und Mindestvoraussetzungen genannt werden. Daß der Honig gut schmeckt und gesund ist, daran läßt sich aber nicht rütteln - egal welchen sie bevorzugen.

Was ist im Honig?

Wie gesagt, hier können nur Durchschnittswerte angegeben werden. Die Inhaltsstoffe schwanken von Honig zu Honig. Im Kapitel „Gesundheit“ werden wir ausführlicher auf die einzelnen Inhaltsstoffe eingehen und auch etwas zu ihrer Wirkung auf den menschlichen Organismus sagen.

Wenn auch die einzelnen Anteile der Inhaltsstoffe im Honig zum Teil sehr unterschiedlich vertreten sind, so sind doch immer die gleichen nachzuweisen. Eine Ausnahme machen da die „Zusatzstoffe“. Sie sind stark vom jeweiligen Honig, genauer von den Trachten abhängig, die die Bienen eingebracht haben:

- Wasser 16 - 17%
- Fruchtzucker 32 - 39%
- Traubenzucker 27 - 34%
- Dextrine 6 - 19%
- Rohrzucker 0,4 - 1%
- Zusatzstoffe 3 - 6%

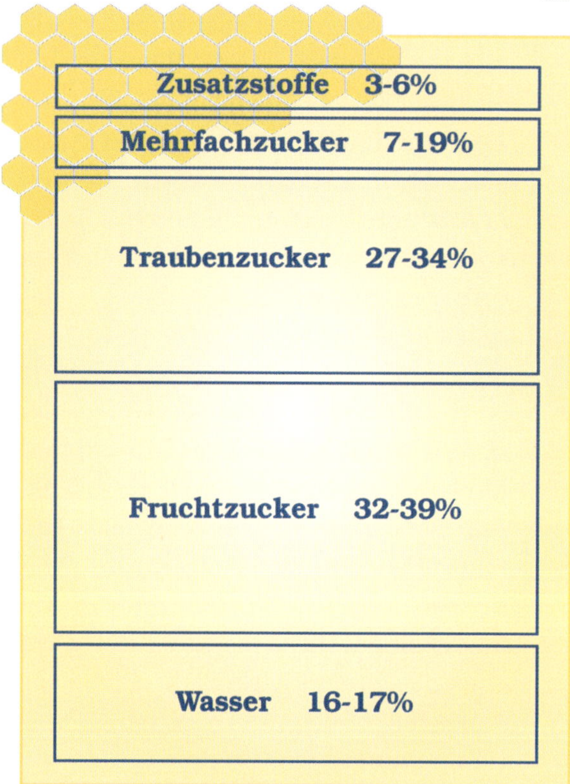

Auf den ersten Blick nicht sehr spektakulär, Wasser und Zucker sind die Hauptbestandteile des Honig. Wenn man aber bedenkt, daß Fruchtzucker und Traubenzucker als Einfachzucker direkt ins Blut aufgenommen werden können und dort sofort ihre volle Leistung entfalten, dann ist der Honig wie ein Turbo, den man zuschaltet und der sofort volle Leistung bringt - Honig ist Energie pur - und das für den Körper und für unsere geistige Leistungsfähigkeit.

Welcher Honig – die Qual der Wahl

Theoretisch gibt es unendlich viele Honigsorten. Jede Pflanze, die Nektar produziert oder von blattsaugenden Insekten besucht wird, kann der Biene als Lieferant dienen, also auch einem Sortenhonig zur Grundlage dienen.

In der Praxis teilt man die Honige allerdings hauptsächlich nach folgenden Kriterien ein.

- nach dem Ausgangsstoff in: Blüten- oder Honigtauhonige
- nach der Art der Gewinnung: Schleuder-, Waben- oder Preßhonig

Schleuderhonig

Die reifen Waben werden vom Imker dem Stock entnommen und entdeckelt; das heißt er öffnet die mit Wachs verschlossenen Waben und hängt die Holzrahmen in eine Honigschleuder. Wie in einer Zentrifuge drehen sich die eingespannten Waben und durch die Fliehkraft wird der Honig aus den Waben gedrückt. Das ist die bevorzugte Methode der Honiggewinnung, sie ist schonend und ohne Einwirkung von Hitze oder Chemie.

Wabenhonig

Auch Scheibenhonig genannt. Es werden ganze, mit Honig gefüllte Waben verkauft. Was sich auf den ersten Blick etwas merkwürdig ausnimmt, ist äußerst schmackhaft. Manche Kenner schwören, daß es die einzige Art ist, den Honig richtig zu genießen. Einen Versuch sollte es ihnen auf jeden Fall wert sein! Zum andern ist der Wabenhonig gerade bei Entzündungen im Rachenraum und bei Zahnfleischentzündungen sehr hilfreich. Ebenso bei Pollenallergien und Heuschnupfen. Durch den geringen Anteil an Blütenpollen trägt er wahrscheinlich zur Desensibilisierung bei. Der Wabenhonig hat einen bemerkenswert hohen Anteil an Vitamin A. Das Wachs wird deshalb auch in der Medizin und in der Kosmetik vielfach eingesetzt.

Preßhonig

Bei dieser Art der Honiggewinnung wird der Honig nicht aus den entdeckelten Waben ausgeschleudert, sondern durch Druck ausgepreßt. Eine weitere Art des Preßhonigs ist der Seimhonig, der wird auch durch Auspressen gewonnen, allerdings unter Zufuhr von Wärme.

Tausend und eine Honigsorte

Die Vielfalt des Honigangebotes ist riesig. Natürlich erhält man im Supermarkt an der Ecke nur das gängige Standardsortiment. Soll es dagegen einmal etwas Besonderes sein, dann lohnt sich der Gang in den Naturkost- oder Feinkostladen, oder die Nachfrage beim örtlichen oder überregional tätigen Imkereibetrieb. Hier ein Auszug aus dem Sortiment der Firma Allos.

Acapulcohonig

Ein Honig aus der Sierra Madre, genauer dem Tecoanapa-Hochland, eine unberührte Wildnis an der Pazifikküste Mexikos. Eine üppige Vegetation mit einer großen Blütenvielfalt lassen einen Mischhonig entstehen, mit einem delikaten, feinen Aroma. Eine der wenigen Sorten, die ihre flüssige Konsistenz mehrere Monate behält.

Akazienhonig

Die Akazien, ist botanisch richtig eigentlich eine Robinie. Die Bezeichnung Akazienhonig hat sich allerdings so eingebürgert, daß eine Umbenennung zu Mißverständnissen führen würde. Große Bestände findet man in Frankreich, im osteuropäischen Raum und in China. Ihre weißen, zart duftenden Blüten sind in hängenden Trauben angeordnet. Sie sondern viel Nektar ab, weshalb die Akazie eine vorzügliche Trachtpflanze ist. Öffnet man ein Glas Akazienhonig, entströmt ihm der feine milde Duft eines blühenden Baumes. Ein sehr heller, fast wassserklarer Honig, der sich dank seiner flüssigenKonsistenz und seines milden Aromas hervorragend zum Süßen kalter Speisen , sowie von Tee und Kaffee eignet. Dieser Honig ist sehr reich an Fruchtzucker und bleibt daher lange Zeit flüssig.

Bayrischer Frühjahresblütenhonig

Er besteht aus den Trachten von Weiden-, Raps-, und Obstblüten und dem Nektar des gelbleuchtenden Löwenzahn, der ihm das hervorragende Aroma verleiht.

Türkischer Berghonig

In der antiken Stadt Ephesus waren bereits lange vor unserer Zeitrechnung die gesundheitsfördernden Wirkungen des Honigs bekannt. In den Bergdörfern nördlich von Ephesus lebt diese Tradition fort. Dort wird schon seit langer Zeit der Honig in der unberührten, urwüchsigen Natur nach ökologischen Richtlinien erzeugt. Sein feinaromatischer Geschmack macht ihn zu einer besonderen Delikatesse.

Blütenhonig mit Mimose

Die anmutige Mimosen sind als sehr empfindsame Pflanzen bekannt. Im Chiapas-Hochland in Mexiko ist diese Pflanzenart zu finden. Aus ihren zarten Blüten bereiten die Bienen einen vorzüglich schmeckenden Honig. Er besitzt eine helle Farbe, eine feincremige Konsistenz und zeichnet sich durch sein mildes und typisches Honigaroma aus.

Buchweizenhonig

Schon in den frühen Morgenstunden fliegen die Bienen aus, um den Nektar der weißen Buchweizenblüte zu sammeln, denn Buchweizen honigt nur morgens. Der anspruchslose Buchweizen war auf den kargen Sandböden

Norddeutschlands eine wichtige Kulturpflanze und eine Haupttrachtpflanze der Imkerei. Buchweizenhonig ist von dunkelbrauner Farbe, cremiger Konsistenz und besonders ausgefallenem, kräftigen Aroma, mit nachhaltigem Karamellgeschmack. Er eignet sich gut für die Herstellung von Lebkuchen, wofür er auch traditionell verwendet wird.

Calluna-Heidehonig

Neben den Erika-Heidearten ist die Besenheide (Calluna vulgaris) die bekannteste Charakterpflanze europäischer Heideregionen. Sie ist unter allen Heidekräutern die genügsamste. Sie kam schon zu Beginn der Eiszeiten in der gleichen Form vor. Heidehonig hat ein charakteristisches, sehr intensives, herbes Aroma, ist bernsteinfarben, von geleeartigen Konsistenz und sehr enzymreich. Honigkenner bevorzugen den seltenen Honig der Calluna-Heide als ganz besondere Spezialität.

Sommerblütenhonig

Ein ausgewogener Blütenhonig, ein Naturprodukt aus deutscher Erzeugung. Der süße Nektar von Wald- und Wiesenblüten verleiht ihm sein liebliches Aroma. Der leichte Blütenduft erinnert an einen Sommertag im Grünen.

Edelkastanienhonig

Edelkastanien sind in Südeuropa, besonders in Frankreich und Italien verbreitet. Nicht nur ihr Honig ist dort sehr beliebt, sondern auch ihre stärkereichen Früchte, die Eßkastanien oder Maronen. Die Blüten der Eßkastanie sind eine ergiebige Honigquelle. Da sie gleichzeitig extrem viel Blütenstaub produzieren, wird der Honig mit biologisch sehr hochwertigem Pollen bereichert. Den Nektar ihrer weithin duftenden, weißen, kräftigen Blütenstände verwandeln die Bienen in einen bernsteinfarbenen Honig. Manchmal erscheint er auch dunkelbraun, da Honigtau- und Nektarangebot der Edelkastanie oft zusammenfallen. Der Honig ist enzymreich und zeichnet sich durch ein kräftiges, herbes Aroma aus. Er ist von zähflüssiger bis kristalliner Konsistenz.

Erdbeerbaumhonig

Eine korsische Spezialität, die sich aufgrund ihres ungewöhnlich bittersüßen Aromas immer größerer Beliebtheit erfreut. Er stammt von den Blüten der Erdbeerbäume (Arbutus unedo), einer Baumart, die zu den Heidekrautgewächsen zählt und nach ihren erdbeerähnlichen Früchten benannt ist. Der Honig ist relativ selten, da die Blüten sich erst spät im Jahr entfalten, so daß nur in Jahren mit sonnigem Herbst Erdbeerbaumhonig geerntet werden kann. Bemerkenswert ist sein hoher Selengehalt, der ernährungsphysiologisch von großer Bedeutung ist. Der Honig ist von warmer, gelbbrauner Farbe, sanfter, cremiger Konsistenz, mit dem Duft nach Herbstblüten und reifen Früchten. Aufgrund seines vollwürzigen, bittersüßen und kräftigen Aromas ist er mit keiner anderen Honigsorte vergleichbar.

Eukalyptushonig

In Australien werden sie River-Gum-Trees genannt, die riesigen Eukalyptusbäume, die dort ihre Heimat haben und in ca. 500 verschiedenen Arten vorkommen. Die Blütezeit erstreckt sich mit Pausen über die ganze Saison, während derer die Bäume neben Nektar auch Honigtau spenden. Ein zauberhafter, ätherischer Myrtenduft liegt zur Blütezeit über den hellen Eukalyptuswäldern, die die Naturlandschaft von Australien prägen. Sie sind die Heimat und die Nahrungsgrundlage der zahlreichen Bienenstöcke, die von den Imkern in den weitläufigen Wäldern aufgestellt werden. Der Eukalyptushonig zeichnet sich durch seinen typischen fruchtigen, hocharomatischen, bonbonartig-würzigen Geschmack aus. Er ist von gelblichbrauner Farbe und von feincremiger Konsistenz.

Gebirgshonig Lozère

Das Trachtengebiet diese Honigs liegt auf etwa 1000 Meter Höhe, in den abgelegenen und unberührten Gebirgslandschaften des französischen Zentralmassivs am Mont Lozère. In der stillen, friedlichen Bergwelt oberhalb der Baumgrenze spenden frische Bergblumenwiesen und ausgedehnte Heidekrautbestände ihren Nektar und die von prächtigen Edelkastanien beherrschten, etwas tiefer gelegenen Wälder, den Honigtau für diesen enzymreichen Honig. Er zeichnet sich durch sein würziges, leicht herbharziges Aroma aus.

Griechischer Erica-Honig

Die kontrastreiche Bergwildnis, die die trockenen, steinigen Böden Griechenlands bedeckt, bietet unter günstigen klimatischen Verhältnissen einen reichen Honigsegen, der wohl nirgends auf der Welt so häufig gepriesen wurde, wie in der Antike Griechenlands. Größte Ehre und höchstes Lob wurde dem Honig in den Mythologien zuteil, als wertvollstes Nahrungs- und Heilmittel, als Götternahrung und heilige Göttergabe. Durch den Nektar verschiedener Erica-Heidekräuter besitzt er ein wohltuendes kraftvolles Heidearoma, ohne die von Honigkennern so geschätzte Strenge des bekannten, typischen Heidehonigs aus der Tracht der nordeuropäischen Besenheide. Griechischer Erica-Heidehonig ist von rötlich-brauner Farbe und cremiger Konsistenz.

Kleehonig

In Kanada, dem Land der Wälder, Flüsse und Seen, wurde der Nektar für diesen Honig aus unzähligen Kleeblüten zusammengetragen. Klee, aus der Familie der Schmetterlingsblütler ist in Form von Rotklee, Weißklee, Steinklee und anderen Arten fast auf der ganzen Welt verbreitet. Sein hoher Traubenzuckergehalt macht Kleehonig zu einem hervorragenden Energiespender, weswegen Sportler ihn besonders schätzen. Menschen, die sich nur zaghaft an Honig heranwagen und besonders Kindern kann Kleehonig wegen seiner milden Süße empfohlen werden. Er ist von fast weißer perlmuttartiger Farbe und sehr fein-cremiger Konsistenz. Ein sanfter Honig, mit einem unverwechselbaren Duft nach frischem Heu.

Korsisicher Gebirgshonig

Die zauberhaft schöne Insel Korsika bietet beste Voraussetzungen für die Erzeugung von naturbelassenem Honig. Die unberührte Bergwildnis mit ihrer Blütenvielfalt, ihrer sauberen Luft und den klaren Flüssen, aus denen man noch ohne Bedenken trinken kann, liefert Nektar und Honigtau für diesen Honig. Im köstlich-würzigen Aroma dieses Honigs spiegelt sich die artenreiche, farbenfrohe und intensiv duftende Gebirgsflora der Region wider. Der Korsische Gebirgshonig ist bernsteinfarben und von cremiger Konsistenz.

Lavendelblütenhonig

Der Lavendel gehört zu den wertvollsten Heilkräutern und erfüllt im Sommer die Luft mit dem edlen, süßen, ätherischen Duft seiner, von der Mittelmeersonne durchdrungenen Blüten. Lavendelhonig ist vom ätherischen Öl seiner Ursprungspflanze geprägt. Ein edler Honig von wunderbar fein-cremiger Konsistenz und hellgelber Farbe. Mit seinem einzigartigen reinen Aroma ist dieser Honig nur in der französischen Provence zu finden.

Lederbaumhonig

Die südlich von Australien gelegene Insel Tasmanien wird wegen ihres paradisischen Charakters auch als Schatzinsel bezeichnet. Ihre natürliche Schönheit und Ursprünglichkeit ist bis heute erhalten. Wegen ihrer Einmaligkeit zählt die Insel zum Weltkulturerbe der Menschheit. In den Wäldern gedeiht als immergrüne Pflanze der Lederbaum, köstlich und süß duften seine kleinen weißen Blüten und bieten eine viele Wochen anhaltende Nektartracht. Während dieser Zeit leben die Imker in einfachen Hütten im Regenwald, um die einzigartige Spezialität zu ernten. Sie ist von kräftig gelber Farbe und fein-cremiger Konsistenz; geprägt von lieblichem Aroma und exotischer Süße.

Lindenhonig

Die stattliche, vielbesungene Linde gilt schon lange als ganz besonderer Freund des Menschen. Bei den Germanen war sie Frya, der Göttin die Liebe und Fruchtbarkeit geweiht. Ihre Blütezeit fällt in den Hochsommer. An langen Sommerabenden duften und honigen ihre hängenden, gelben Blütensträußchen über den Sonnenuntergang hinaus. Lindenblüten sind die einzigen Blüten, die noch am Abend von Bienen besucht werden. So wie im Lindenblütentee entfaltet sich auch im Lindenhonig eine beruhigende und durchwärmende Wirkung. Der Honig hat ein leichtes Minzearoma und ist von gelb-grünlicher Farbe und feincremig.

Maya-Wildblütenhonig

Auf der mexikanischen Halbinsel Yucatan ist die alte Maya-Hochkultur noch heute lebendig. In autonomen Verbänden pflegen die Maya-Indianer ihre Traditionen und ihr naturverbundenes Leben. Der hier entstehende Honig wird in einem Regenwald-Naturschutzgebiet erzeugt. Das vollendete, frische Blütenaroma mit zartem Orchideen-Duft läßt die vielfältige Natur erahnen, wie sie uns in tropischen Urwäldern noch begegnet.

Manuka-Honig

Schon die Maoris, die Ureinwohner Neuseelands, sowie die ersten europäischen Siedler, nutzten den Manuka-Strauch als universelle Heilpflanze. Als Bestandteil der ursprünglichen Flora Neuseelands entfaltet der immergrüne Strauch im Dezember seine brillant-weißen bis rosaroten Blüten, Quelle für diesen bernsteinfarbenen außergewöhnlichen Honig mit seinem charakteristischen, intensiven Aroma mit einem leichten Akzent von herber Süße.

Minzehonig

Seit der Antike zählen die Minzearten zu den wichtigsten aromatischen Heilpflanzen. Sie zeichnen sich durch den höchsten Gehalt an ätherischen Ölen, insbesondere Menthol aus. Ihre stark duftenden Blütenstände sind die Quelle dieses einzigartigen bernsteinfarbenen Honigs und schenken ihm sein minzeartiges Kräuteraroma. Sein Reichtum an natürlichen Duft- und Aromastoffen macht ihn zu einer belebenden und erfrischenden Honigspezialität.

Orangenblütenhonig

Orangen gehören zu den Rautengewächsen. Sie beschenken uns nicht nur mit ihrer Blütenpracht und den wunderbaren Früchten, sondern auch mit einem herrlichen fruchtigen Honig. Sein lieblich-feiner Duft erinnert unverkennbar an blühende Orangenhaine. Er ist feincremig und die Farbpalette reicht von hellem bis zu intensiv dunklem Gelb.

Pinien-Honig

Aus den Pinienwäldern der Küstenregionen Griechenlands und der Türkei stammt dieser außergewöhnliche, dunkle und flüssige bis zähflüssige Honigtauhonig. Pinienhonig fasziniert durch sein charakteristisches harziges, terpenartiges Aroma, mit dem es an die terpentinölreichen Pinienharze erinnert. Sie verleihen dem Honig sein besonderes Aroma und lassen uns an stimmungsvollen Duft mediterraner Pinienwälder denken.

Rapshonig

Raps ist eine altgermanische Kulturpflanze, die viel Nektar und Pollen spendet und somit eine hervorragende Bienentrachtpflanze ist. Im Frühjahr verwandeln die Bienen den reichlich fließenden Nektar der leuchtendgelb blühenden Rapsfelder in einen hellgelb bis perlmuttartigen schimmernden, sehr traubenzuckerreichen Honig, von charakteristisch mildblumigen Aroma.

Rewarewablütenhonig

Der Honig ist hocharomatisch und erinnert mit seinem vorzüglichen Geschmack, seiner mittleren bis kastanienbraunen Farbe und seiner cremigen Konsistenz an Sahnekaramel. Er stammt vom Nektar der Rewarewa-Bäume (Knightia excelsa), einer ursprünglichen Baumart Neuseelands. Die stattlichen Bäume mit ihren außergewöhnlichen, exotischen Blüten, wachsen in naturbelassenen Wäldern der neuseeländischen Inseln.

Sonnenblumenhonig

Die Sonnenblumenfelder Frankreichs sind ein wahres Blütenparadies für Bienen. Die Sonnenblume liefert sehr viel Nektar. Den Bienenflug belohnt sie mit einer beträchtlichen Steigerung ihrer Samenerträge, die für das wertvolle Sonnenblumenöl verwendet werden.Wie die Blüten seiner Ursprungspflanze, fällt auch der Honig durch seine leuchtend sonnengelbe Farbe auf. Er ist cremig und schmeckt wunderbar aromatisch.

Weißtannenhonig

Weißtannenhonig ist eine besondere und seltene Spezialität unter den Honigsorten, da die Tanne in manchen Jahren gar nicht honigt. Die Essenz des Tannenwaldes bringen die Bienen von ihren Ausflügen in den Wald heim in ihren Stock und bereiten daraus einen Honig, der nach angespannter Tätigkeit viel zur Erfrischung und Wiederbelebung des Menschen beitragen kann. Der stark aromatische, harzig-würzige Geschmack dieses Honigtauhonigs erinnert an den kräftigen Geruch frischer Tannennadeln. Er ist von sehr dunkler, fast schwarzer Farbe und zählt bei Honigkennern zu den begehrtesten und delikatesten Honigspezialitäten.

Thymianhonig

Dieser kleine, etwas derbe Zwergstrauch sowie sein kleiner Bruder, der Quendel, besiedeln in Südeuropa und Asien sonnenbeschienene Hügel und Landstriche. Ein sehr geselliger Vertreter aus der Familie der Lippenblütler, der gern in Gemeinschaft mit anderen Pflanzen vorkommt. Seine ätherischen Öle Thymol und Cymol, verbreiten einen sehr intensiven Duft und verleihen dem Honig ein volles und sehr intensiv-herbes Aroma. Gerade wegen seines herb-süßen Kräuteraromas wird er sehr geschätzt. Er ist von cremig-kristalliner Konsistenz.

Wabenhonig aus Neuseeland

Wabenhonig ist ein Honig in seiner ursprünglichen Form - so, wie die Bienen ihn geschaffen haben. Die natürliche Kombination von Honig und Bienenwachs macht ihn zu einem unnachahmlichen Geschmackserlebnis, denn das feine Aroma des Honigs kann sich beim Kauen der Wabenstücke besonders gut entfalten. Honig aus Neuseeland verdankt seine außergewöhnliche Qualität der urwüchsigen Pflanzenwelt und der abgeschiedenen Lage dieser Region. Wabenhonig gilt in Neuseeland als ganz besondere Spezialität. Im Januar und Februar, den neuseeländischen Sommermonaten, wandern die Imker mit ihren Bienenvölkern in die „rolling hill country", die hügelige weite Wiesenlandschaft von Canterbury auf der Südinsel, um ihn zu ernten.

Waldhonig aus der Türkei

Wenn an schönen, sonnigen Hoch- und Spätsommertagen der Wald honigt, bringen viele Imker ihre Bienen zur Nutzung der Tracht in die Wälder, in die ursprüngliche Heimat der Biene. Hier war sie Jahrtausende in hervorragender Weise in den gesamten Lebenskreislauf der Waldflora- und fauna eingegliedert. Aus den süßen Lebenssäften des Waldes, dem Honigtau, bereiten die Bienen einen kräftigen Honig. Jeder Waldhonig enthält neben Honigtau auch immer einen gewissen Anteil aus der Nektartracht der Waldblütenpflanzen. Sie geben jedem Waldhonig eine ganz eigene typische Geschmacksnote. Waldhonig ist reich an Mineralstoffen, vor allem an Eisen und Kalium. Auch Spurenelemente und antiseptisch und balsamisch wirkende Harze und ätherische Öle sind im Waldhonig vorhanden. Durch seinen hohen Fruchtzuckergehalt bleibt er lange flüssig. Die Farbe ist dunkelbraun, das Aroma kräftig.

Waldhonig aus Neuseeland

Die artenreichen, von Südbuchen geprägten Bergwälder Neuseelands bringen diesen dunklen, flüssigen Waldhonig hervor. Er besitzt ein feinherbes Kräuteraroma, nicht zu vergleichen mit dem Aroma europäischer Waldhonige. Die vielfältige Pflanzenwelt Neuseelands ist dank der abgelegenen Lage der Insel in ihrer Ursprünglichkeit bis heute weitgehend erhalten geblieben und prägt den außergewöhnlichen Geschmack dieses Honigs.

Wiesenblütenhonig

Von feinduftenden Lotuskleeblüten und vielen anderen Wiesenblumen und Wildkräutern sind im Sommer die ausgedehnten Wiesen Uruguays übersät. Aus dem Nektar der Blütenfülle entsteht dieser feinaromatische, blumig duftende Wiesenblütenhonig. Die Bienenvölker sind in der Nähe des Rio Negro, einer besonders dünn besiedelten Gegend ohne intensive Landwirtschaft aufgestellt.

Wildblütenhonig aus dem Mexiko-Hochland

Ursprungsland dieses Honigs ist der Süden Mexikos. In einer wilden Bergwelt, die einem riesigen tropischen Garten gleicht, gedeiht eine artenreiche, üppige Flora. Die Harmonie dieser Artenvielfalt verleiht dem Honig sein vollendetes Aroma. Er ist von sonnengelber Farbe, feinkristallin und sehr enzymreich.

Honig in der Kosmetik

Honig und andere Bienenprodukte wie Bienenwachs, Propolis oder Gelee royale finden in der modernen Kosmetikindustrie noch sehr häufig Verwendung. Trotz einem großen Angebot an synthetisch hergestellten Stoffen, möchte man nicht auf die guten Eigenschaften dieser reinen Naturprodukte verzichten. Honig als Schönheitselexier gehört, wie das Bad in Milch oder der Farbstoff Henna, zu den Klassikern, die schon seit Menschengedenken helfen, dem anderen Geschlecht den Kopf zu verdrehen. Diese ewigen Klassiker und andere, neuere Variationen helfen auch heute noch, uns schön und wohl zu fühlen in unserer Haut.

Gute Laune ersetzt die beste Kosmetik

Die beste Schönheitspflege ist sicher gute Gesundheit, Zufriedenheit und Glück im Alltag. Wer gut gelaunt ist, Lebensfreude zeigt, vielleicht sogar frisch verliebt ist, der braucht eigentlich keine Kosmetik, der strahlt von innen. Die Augen glänzen, die Haut ist rosig und der ganze Mensch sprüht vor Energie.

Gerade in so einer Hochphase achtet man besonders auf sein Äußeres, man ist offen, probiert vielleicht Neues aus. Eine neue Frisur, ein neuer Kleiderstil, eine andere Haarfarbe oder auch neue Kosmetiktips.

Wer weniger gut drauf ist, der hat auch keine rechte Lust Neues zu probieren, dem sieht man an, daß seine Laune nicht gerade auf dem Höhepunkt ist. Auch wenn das vielleicht nicht ganz so offensichtlich ist – der Körper ist ein Spiegel der Psyche, man kann an ihm ablesen, wie wohl wir uns gerade fühlen.

Aber das ist keine Einbahnstraße. Umgekehrt beeinflußt unser Körper auch unsere Psyche. Wenn wir gesund und leistungsfähig sind, uns attraktiv fühlen, etwa nach dem Sport oder einem guten Essen, dann sind wir mit uns zufrieden und ausgeglichen. Das ganze ist ein ewiges Wechselspiel.

Gut fühlen – gut aussehen

Weil dieses Wechselspiel zwischen Körper und Psyche so gut funktioniert, sollten wir das zu unserem Wohl nutzen. Gerade wenn Sie nicht so auf der Höhe sind – tun Sie sich etwas Gutes! Wenn sich der Alltag nicht von seiner besten Seite zeigt, dann knapsen Sie sich am Morgen oder abends eine viertel Stunde ab. Verwöhnen Sie sich mit einem belebenden Vollbad und danach legen Sie eine Gesichtsmaske auf oder machen eine Packung für Ihre Haare. Sie werden sehen, wenn Sie danach in den Spiegel schauen, sehen nicht nur Sie, sondern auch der Alltag wieder rosiger aus. Tun Sie etwas für sich. Nur eine viertel Stunde raus aus dem Trott, Dinge tun, die normalerweise nicht auf dem täglichen Plan stehen. Das wirkt Wunder und ist die beste Kosmetik.

Kleine Mittelchen mit einer großen Wirkung

Mit Honig, dem ganz normalen Speisehonig, so wie er in ihrem Küchenregal steht, haben Sie einen hervorragenden Wirkstoff gefunden gegen Fältchen, trockene, gerötete, rissige Haut, gegen stumpfes, dünnes Haar und andere Störenfriede, die das Aussehen beeinträchtigen.

In der Hauptsache lassen sich vier Dinge benennen, die zur guten Wirksamkeit des Honigs in der Kosmetik beitragen.

Antibakterielle Wirkung

Was schon seit altersher in der Medizin zur Wundbehandlung eingesetzt wird und bekannt ist, ist die antibakterielle Wirkung des Honigs. Selbst bei verschmutzten und eitrigen Wunden, kann Honig eingesetzt werden. Er verhindert meist sehr zuverlässig eine Entzündung und zieht Dreck und Entzündungskeime aus der Wunde.

Diese reinigende und desinfizierende Wirkung des Honigs lässt sich natürlich auch bei weniger schlimmen Diagnosen einsetzen. Kosmetisch wirkt Honig in gleicher Weise und kann eine gereizte und entzündete Haut sanft reinigen und beruhigen. Die Anwendung kann von massiven Hautproblemen bis hin zu einer reinen Schönheitsmaske gehen.

Natürlich muß immer darauf hingewiesen werden, daß eine ernste Hauterkrankung oder eine Veränderung der Haut, die man selbst nicht beurteilen kann, niemals selbst behandelt werden sollte, ohne zuvor einen Arzt aufgesucht zu haben.

Der Säuregehalt im Honig

Unsere Haut hat einen Schutz aufgebaut, um es Viren und Bakterien schwerer zu machen sich auf unserer Haut festzusetzen. Diese lebensnotwendige Abwehr besteht darin, daß wir „leicht säuerlich sind".

In der Tat weist unsere Haut einen pH-Wert zwischen 5,5 und 6 auf. Der pH-Wert ist eine Maßeinheit auf einer Skala zwischen 1 und 14, wobei 1 einer sehr starken Säure entspricht und die 14 bezeichnet eine sehr starke Lauge. Entsprechend wäre ein pH-Wert bei 7 eine neutrale Flüssigkeit, in die man also ohne Bedenken seinen Finger stecken könnte.

Dieses leicht säuerliche Milieu, das uns einen Schutz gegen Infektionen bietet, ist unter dem Begriff „Säureschutzmantel" bekannt und auch in den Anzeigen für Kosmetika oft zu sehen und zu hören. Zerstören oder schwächen wir nun diesen Säureschutzmantel durch die falsche Pflege unserer Haut, häufen sich Entzündungen und Hautreizungen, was bis hin zu Infektionen oder Allergien führen kann. Es ist also sehr wichtig diesen Schutzmechanismus unserer Haut zu unterstützen.

Der Honig kann mit seinem Gehalt an verschiedenen Säuren wie Apfelsäure, Buttersäure, Citronensäure, Essigsäure, Glukonsäure, Milchsäure und Succinsäure einen wichtigen Beitrag leisten, unsere Haut mit Nährstoffen zu versorgen, ohne sie dabei zu belasten. Die meisten der Säuren kommen im menschlichen Stoffwechsel genau so vor, es sind also keine synthetischen Stoffe, auf die der Körper eventuell schlecht reagieren könnte.

Zusätzlich zu dieser Stärkung des Säureschutzmantels kommt eine milde Reinigung und Glättung der Haut. Diesen Effekt kann man sehr gut beobachten, wenn man mit reiner Zitrone seine Hände einreibt, den Saft etwas einwirken lässt und anschließend mit kaltem Wasser gründlich abspült. Diesen Effekt kann man mit hautpflegenden Zusätzen weiter unterstützen.

Ein weiteres altbekanntes Mittel das die reinigende - hier sogar bleichende Wirkung - der Säuren belegt, ist die Anwendung von Zitronensäure zur Reduzierung von Sommersprossen. Was früher als kosmetischer Mangel angesehen wurde, darüber machen sich heutzutage aber nur noch wenige Gedanken.

Vitamine, Mineralien, Spurenelemente

Da unsere Haut auf den Honig sehr positiv reagiert, werden die enthaltenen Stoffe auch gut aufgenommen. An Vitaminen und deren medizinisch-kosmetische Wirkung läßt sich nennen:

- **B_2** – gut gegen Hautentzündungen, Risse und Reizung der Schleimhäute, brüchige Nägel.

- **B_6** – wirkt gegen krankhafte Veränderungen der Haut und Entzündungen der Mundschleimhaut.

- **Nikotinamid** – gegen Hautstörungen und -entzündungen.

- **Folsäure** – wichtig für gesundes Haar, wirkt gegen Entzündungen hauptsächlich im Bereich der Mundschleimhaut.

- **Ascorbinsäure (Vitamin C)** – allgemeine Kräftigung der Abwehr von Infektionen, wirkt vorbeugend gegen Mangelerscheinungen.

- **Biotin** – wird eine heilende Wirkung zugeschrieben bei Akne, Furunkeln oder übermässig fettiger Haut, außerdem soll es Haarausfall entgegenwirken.

- **Kalzium** – wichtig bei der Gesunderhaltung der Zähne.

- **Phosphor** – leistet ebenfalls einen wichtigen Beitrag zur Gesunderhaltung der Zähne.

- **Silizium** – zeigt Wirkung gegen Haarausfall, brüchige Nägel, Zahnprobleme, Bindegewebsschwäche. Außerdem wichtig für unsere Haut, verhindert Hautjucken und -entzündungen und begünstigt die Wundheilung.

Bäder - Masken - Kuren

Honig in der kosmetischen Anwendung, das beschränkt sich hauptsächlich auf die zwei großen Bereiche Verbesserung und Pflege der Haut, und Pflege und kurmäßige Behandlung von strapaziertem oder problematischem Haar. Am zweckdienlichsten sind dazu Bäder, Masken und Kurpackungen. Dabei kann der Honig alleine angewendet werden, in der Hauptsache werden aber weitere, heilende oder pflegende Naturstoffe beigemischt.

Bäder fürs Wohlbefinden

Sehr zahlreich sind die bekannten Hausmittelchen und Rezepturen, in denen der Honig verwendet wird, um eine schönere und samtweiche Haut zu erlangen.

Das Bad in Milch

„Der Klassiker" aus der Antike, mit dem schon Kleopatra von Ägypten zahlreiche Männer um den Verstand gebracht haben soll. Das Bad hilft gut, bei zu trockener Haut. Die Inhaltsstoffe pflegen und spenden viel Feuchtigkeit und geben wichtige Nährstoffe an die Haut weiter. Sie bekommen dadurch eine reine und samtweiche Haut.

Zutaten auf eine Wanne:
3 Liter Vollmilch
(eine pasteurisierte Milch mit hohem Fettanteil von 3,8%)
250 g flüssiger Honig
eine handvoll Meersalz

Das Badewasser einlaufen lassen und diese Zutaten schon früh beigeben, damit sie sich gut lösen können.

Am besten ein wenig Wasser in die Wanne lassen, dann kurz abstellen und alle Wirkstoffe gut verrühren. Erst wenn sich alles gelöst hat, die Badewanne ganz auffüllen.

Das Badewasser sollte nicht zu heiß sein. Um 35 Grad ist optimal.

Die Badezeit sollte 20 Minuten nicht überschreiten. Danach aus der Wanne und in einen warmen Bademantel.

Milch und Honig reinigen die Haut schonend und spenden Feuchtigkeit. Das Meersalz im Badewasser regt dagegen an und steigert zusätzlich die Durchblutung der Haut.

Erkältungsbad

Bei einer Grippe oder Schnupfen im Anzug, hilft natürlich der Honig sehr gut wenn er innerlich angewendet wird. Zur Unterstützung der Therapie kann dabei folgendes Bad dienen:

Zutaten auf eine Wanne:
125 g Tannen- oder Eukalyptushonig
0,5 Liter Bier

Das Bier und den Honig in einer separaten Schüssel gut verrühren. Der Honig sollte sich dabei gut mit dem Bier verbinden. Eventuell kann er zuvor leicht erwärmt werden.

Nebenher das Badewasser einlassen. Die Temperatur darf ruhig um die 35 bis 40 Grad betragen.

Ein entspannendes Bad nehmen, allerdings nicht länger als 15 Minuten in der Wanne verweilen.

Danach am besten gleich ins Bett und die entspannende Wirkung für einen Schönheitsschlaf nutzen.

Der Tannen- oder Eukalyptushonig wirkt ganz hervorragend bei Problemen der Atemwege und -organe, was in diesem Fall vor allem auf den hohen Anteil von ätherischen Ölen zurück geführt werden kann.

Eine allgemeine Entkrampfung und eine umfassende Besserung der Atembeschwerden bringen so eine rasche Linderung.

Der Hopfen des Bieres unterstützt die entspannende Wirkung noch zusätzlich und der leichte Alkoholanteil fördert die Aufnahme.

Einem entspannten und erholsamen Schlaf sollte damit eigentlich nichts mehr im Wege stehen.

Kamille-Honig-Bad

Ebenfalls äußerst entspannend und wohltuend wirkt dieses Kamille-Honig-Bad. Außerdem bewirkt diese Mischung aus Kamille und Honig eine Beruhigung von gereizter oder entzündeter Haut.

Zutaten auf eine Wanne:
100 ml Kamilleextrakt
oder eine große Tasse
starker Kamillentee
125 g Honig
(Thymianhonig)

In dem Kamilleextrakt oder im lauwarmen Kamillentee den Honig gut auflösen.

20 Minuten im - nicht zu heißen - Badewasser entspannen. Danach nur ganz leicht abfrottieren.

Auch hier nach dem Bad am besten gleich ins Bett und die beruhigende Wirkung des Bades nutzen.

Die Kamille und der Thymian sind zwei altüberlieferte Heilpflanzen, die sich gegenseitig sehr gut unterstützen. Beide wirken äußerst positiv auf die Atemwege und -organe und sind erprobte Helfer bei Husten, Schnupfen und Nebenhöhlenentzündungen.

Masken für eine tolle Haut

Zu einer glatten, samtweichen Haut im Gesicht und am Dekolletee, dazu verhelfen Ihnen die folgenden Masken. Leichte Rötungen verschwinden, trockene Haut wird mit Nährstoffen versorgt und kleine Unreinheiten oder Pickel verschwinden rasch.

Reine Honigmaske

Honig kann sehr gut ganz alleine, das heißt ohne weitere Zusätze als Hautpflegemittel verwendet werden. Er hilft durch seine antiseptischen Wirkstoffe vor allem bei unreiner Haut, oder wenn die Haut leicht gereizt oder gar entzündet ist. Selbst bei Sonnenbrand hilft Honig.

Zutaten für eine Maske:
ca. 3 Eßlöffel Honig
(am besten einen von
fester Konsistenz)

Das Gesicht mit einer milden Seife gründlich reinigen und gut abtrocken, nicht rubbeln.

Den Honig einfach dick auf dem gesamten Gesicht und dem Dekolletee auftragen, die Augen dabei aussparen, und einwirken lassen.

Je zähflüssiger der Honig ist, desto länger hält die Maske. Denn durch die Körperwärme beginnt der Honig nach einiger Zeit zu laufen.

Am besten ein Handtuch ausbreiten und aufs Bett legen. Nach zirka 20 Minuten den Honig mit handwarmem Wasser abwaschen. Danach ein beruhigendes Gesichtswasser auftragen.

Die Behandlung zeigt bessere Erfolge, wenn sie regelmäßig, zwei Mal pro Woche, angewandt wird.

Kleine Unreinheiten

Pickel und kleinere Hautunreinheiten können auch direkt mit etwas Honig betupft werden - eintrocknen lassen - fertig. Durch seine antiseptische Wirkung „zieht“der Honig die Infektionsherde.

Gegen fettige Haut

Diese Maske hilft vor allem bei übermäßig fettender Haut. Sie wird durch diese Behandlung etwas trockener, allerdings ohne gleich wieder die Talgproduktion anzuregen.

Zutaten für eine Maske:
3 Eßlöffel Honig von fester Konsistenz
Süß- oder Bittermandelöl (die halbe Menge des Honigs)

Die beiden Zutaten gut miteinander verrühren und großzügig auf dem Gesicht und eventuell auch auf dem Dekolletee auftragen.

Auch hier nach zirka 20 Minuten die Masse mit handwarmem Wasser abwaschen.

Trockene Haut

Hier hilft ein weiterer Klassiker, der bereits bekannt ist aus zahlreichen Filmen. Entweder war es eine Gurkenmaske oder eben eine Quarkmaske, die schon oft der Abschreckung diente. Dabei ist gerade hier das Ergebnis sehr sehenswert.

Zutaten für eine Maske:
2 EL Quark (keine Magerstufe)
1 EL Honig
1 Eigelb

Die Zutaten in einer Schüssel verrühren. Falls ein zähflüssiger Honig verwendet wird, kann man diesen eventuell zuvor vorsichtig erwärmen, allerdings nicht wärmer als 35 Grad.

Wenn alle Zutaten glatt verrührt sind, kann man die Maske noch einmal für 20 Minuten in den Kühlschrank stellen. Vorallem im Sommer wirkt das Wunder.

Trockene Haut

Ganz hervorragend haben sich auch Bananen bei einer schonenden Behandlung von strapazierter, nährstoffarmer und trockener Haut bewährt.

Zutaten für eine Maske:
2 EL Honig
1 Eigelb
1 kleine reife Banane

Die reife Banane schälen, pürieren und mit dem Honig gut verrühren. Wenn gewünscht, kann man die hergestellte Masse im Kühlschrank leicht herunterkühlen.

Die Maske großzügig im Gesicht auftragen und für zirka 20 Minuten einziehen lassen. Danach mit handwarmem Wasser gründlich abwaschen.

Gegen Sonnenbrand

Wenn durch starke Sonneneinstrahlung die Gesichtshaut gerötet ist, dann hilft natürlich ein wenig Honig zur Kühlung und zur Beruhigung der Haut. Gegen die damit einhergehende Austrocknung der Haut, kann man zusätzliche Pflegemittel verwenden:

Zutaten für eine Maske:
1 EL Honig
1 EL Glyzerin
1 Eigelb

Die betroffenen Hautpartien vorsichtig mit etwas klarem Wasser gut reinigen.

Alle Zutaten in einem Tiegel zu einer glatten Masse verrühren und dick aufs Gesicht und die sonstigen betroffenen Hautpartien auftragen.

Wenn das Gesicht unangenehm heiß ist, kann man die Maske vor dem Auftragen kurz in den Kühlschrank geben und leicht abkühlen.

Die Maske nach 20 Minuten mit handwarmem Wasser gründlich abwaschen.

Pflegende Seifen selbstgemacht

Hier gibt es ein großes Feld für Experimentierfreudige. Es geht nämlich sehr viel einfacher seine eigene Seife herzustellen, als viele glauben. Dazu greift man einfach auf eine handelsübliche Seife zurück; allerdings sollte man bei der Auswahl einige Dinge berücksichtigen.

- Keine Seife verwenden die von Haus aus schon stark parfümiert ist, eventuell vertragen sich die enthaltenen Stoffe nicht mit ihren Kreationen.
- Am besten eine sehr milde Seife verwenden, die keinerlei kosmetische Zusätze enthält, zum Beispiel aus einer Baby-Pflegeserie. Bei diesen Produkten ist der pH-Wert gut unserer Haut angeglichen, also leicht sauer (pH-Wert zwischen 5,5 und 6).
- Eine andere Empfehlung sind die Rasierseifen, die es wieder verstärkt zu kaufen gibt, seit die Nassrasur wieder etwas mehr in Mode gekommen ist.
- Eine weitere Empfehlung ist Schmierseife aus der Apotheke. Es ist eine reine Seife, auch als Silberseife bekannt.

Am besten mehrere Versuche mit kleinen Mengen durchführen, bevor eine größere Menge Seife hergestellt wird.

Im Prinzip funktioniert die Herstellung der eigenen Seife immer gleich. Der Grundstoff ist die gekaufte Seife und die wird veredelt. Also an unsere Bedürfnisse oder an unseren Hauttyp angeglichen.

Der Grundstoff

Die ausgewählte Seife in kleine Stücke schneiden. Je kleiner, desto besser lösen sich die Seifenstückchen nachher auf.

Die Seifenstücke in einen kleinen Tiegel geben (keinen metallenen Topf verwenden) und mit Wasser bedecken. Gerade so viel, daß die Seifenstückchen alle bedeckt sind. Langsam erhitzen und alle Seifenstückchen darin auflösen.

Die Zutaten

Nun ist die Seifenlösung bereit und die ausgewählten Zutaten können zugefügt werden.

Honigseife

Zutaten:
2 Teile Seifenlösung
1 Teil Honig

Den Honig in die Seifenlösung geben und alles zusammen noch einmal kurz aufkochen lassen.

Den Topf vom Feuer nehme und die Masse langsam erkalten lassen.

Danach ist die Seife im Prinzip schon gebrauchsfertig. Besser ist es allerdings, wenn sie noch etwas ablagert.

Kamille-Honig-Seife

Zutaten:
2 Teile Seifenlösung
1 Teil Honig
1/2 Teil Kamillenextrakt; alternativ frische Kamillenblüten in sehr heißem Wasser einweichen. Den Sud 2-3 Stunden ziehen lassen und dann durch ein feines Sieb gießen

Die Seifenherstellung erfolgt genau nach dem oben beschriebenen Rezept.

Die Kamillenblüten müssen nicht komplett herausgesiebt werden, kleinere Blütenteile können durchaus in der Seife verbleiben.

Lavendel-Honig -Seife

Zutaten:
2 Teile Seifenlösung
1 Teil Honig
getrocknete Lavendelblüten für einen Sud der zirka 1,5 Teilen entspricht

Die Lavendelblüten mit kochendem Wasser übergießen und zugedeckt für einige Stunden ziehen lassen. Dann durch ein feines Sieb gießen.

Mit dem Honig verrühren und in die Seifenlösung geben. Alles zusammen noch einmal kurz aufkochen lassen.

Die Masse abkühlen lassen und eventuell in handliche Stücke schneiden. Durch längere Lagerung verbessert sich die Qualität der Seife.

Die eigenen Seifenkreationen

Nachdem die ersten Versuche geglückt sind, können mit anderen Pflegestoffen eigene Versuche unternommen werden.

Hier können verschiedenste Duftessenzen zum Einsatz kommen. Beispielsweise Rosenwasser, Zimtessenz, Orangenblütenöl, der Phantasie sind dabei keine Grenzen gesetzt.

Besonders angenehm ist es, das eigene Lieblingsparfum in kleinen Mengen in die Seifen mit bei zu mischen.

Warnhinweis

In kleinen Kräuterfibeln, im Reformhaus oder in Apotheken finden sich sicherlich zahlreiche Hinweise über pflegende Kräuter und Pflanzen oder andere Zusatzstoffe. Informieren Sie sich genau über die jeweiligen Stoffe oder Pflanzen.

Was allerdings viel wichtiger ist, testen sie zuvor ihre neue Kreation an etwas unempfindlicheren Körperpartien, nicht unbedingt gleich mit der sensiblen Gesichtshaut beginnen. Dazu können Sie etwas Seifenschaum auftragen, zum Beispiel am Handgelenk. Lassen Sie ihn trocknen. Die Einwirkzeit sollte mindestens über Nacht andauern. Falls sich eine deutliche Rötung einstellt oder Juckreiz, ist die getestete Kombination für Sie ungeeignet. Es kann allerdings auch passieren, daß erst bei einer zweiten Anwendung Probleme auftauchen. Dann wurden Sie bei der ersten Probe nur „vorsensibilisiert". Im Zweifel also einen zweiten Versuch unternehmen.

In der Regel wird die vorgestellte Mischung aus milder Seife und Honig von der Haut aber sehr gut aufgenommen.

Gerätschaften

Bei der Kosmetikherstellung ist absolute Sauberkeit oberstes Gebot. Waschen Sie die benutzten Geräte ausschließlich mit sehr heißem, klarem Wasser, am besten alle Geräte einfach in dem verwendeten Gefäß abkochen.

Verwenden Sie keine Metalltöpfe oder andere metallene Gegenstände zum Rühren der

kochenden Seifenlauge. Das Metall reagiert unter Umständen mit den Stoffen, die Sie verarbeiten wollen und es können dadurch unangenehme Nebenwirkungen entstehen. Verwenden sie statt dessen feuerfeste Glas- oder Keramikgefäße.

Kurpackungen für die Haare

Unsere Haare sind heutzutage im Dauerstreß; durch zu häufiges Waschen mit dem falschen Shampoo, durch häufiges Fönen oder unsachgemäßes Färben, durch Umweltgifte und nicht zuletzt durch eine oftmals einseitige Ernährung, die unserem Haar zu wenig Nährstoffe zuführt.

Die Folgen sind stumpfes, sprödes Haar, das zum Brechen neigt oder den bekannten „Haarfresser" oder Spliss bekommt. Auch fettiges Haar oder Schuppen sind mögliche Auswirkungen.

Gönnen Sie deshalb Ihren Haaren eine Verschnaufpause und verhelfen Sie ihnen zu einer einfachen aber wirkungsvollen Kur.

Honig-Öl-Kur

Vorallem in den Mittelmeerländern, aus denen dieses Rezept kommt, aber auch im Vorderen Orient und Asien ist bekannt, daß Öl ein ausgezeichnetes Mittel ist, um die Haare und besonders die Kopfhaut wirkungsvoll zu pflegen.

Zutaten:
2 EL Honig
3 EL Olivenöl

Die beiden Zutaten gut miteinander verrühren. Beide Stoffe lassen sich bei etwas Wärmezufuhr, im Wasserbad besser verarbeiten.

Danach in die trockenen Haare einmassieren. Dabei die Kopfhaut nicht vergessen.

Nach gut 15 Minuten Einwirkzeit die Pflegekur unter fließendem lauwarmem Wasser gut ausspülen.

Es sollten keine Rückstände im Haar verbleiben. Das führt zu schneller Rückfettung, außerdem wirken sie dadurch stumpf.

Honig-Quark-Ei Kur

Eine weitere Kurpackung, die dem Haar viel Feuchtigkeit und wichtige Nährstoffe zuführt. Außerdem sorgt sie für seidigen Glanz.

Zutaten:
2 EL Honig
2 EL Quark
1 Eigelb

Alle Zutaten gut miteinander verrühren, falls der Honig zu zähflüssig ist, kann er dazu vorher vorsichtig erwärmt werden. Die Temperatur soll 35 Grad allerdings nicht übersteigen.

Die Packung in die noch feuchten Haare einkneten und dort zirka 15 Minuten einwirken lassen.

Anschließend die Haare gut ausspülen, damit keinerlei Rückstände zurückbleiben. Das führt nämlich zu schnellerer Rückfettung und mattem Haar.

Haarewaschen und dabei pflegen

So wie Seife recht einfach hergestellt werden kann, kann auch ein eigenes Shampoo hergestellt werden. Es gilt, was zuvor schon zur Seifenherstellung gesagt wurde:

Suchen Sie ein mildes Shampoo ohne kosmetische Zusätze, am besten aus einer Baby-Pflegeserie oder dem Reformhaus. Es sollte frei von Duftstoffen sein. Das Shampoo können Sie folgendermaßen veredeln.

Honig-Bier-Shampoo

Das Honig-Bier-Shampoo ist vorallem bei dünnem und trockenem Haar zu empfehlen. Das Bier gibt dem Haar Fülle und Spannkraft, der Honig versorgt das Haar und die Kopfhaut mit Nährstoffen.

Zutaten:
100 ml Shampoo
2 EL Ringelblumenextrakt
2 EL Honig
50 ml Bier

Alle Zutaten gut miteinander vermischen. Wenn der Honig zu zähflüssig ist, kann dieser im Vorfeld vorsichtig erwärmt werden.

Das Shampoo in eine verschließbare Flasche füllen. Am besten aus grünem oder braunem Glas, die Inhaltsstoffe reagieren auf Licht ebenso empfindlich wie auf zu große Wärme.

Es sollte nach dem Ansetzen innerhalb von drei Monaten verbraucht werden.

Honig-Ei-Shampoo

Das Ei und der Honig pflegen das Haar und geben ihm Spannkraft. Der Saft der Zitrone sorgt zusätzlich für einen seidigen Schimmer auf Ihrem Haar.

Zutaten:
100 ml Shampoo
2 EL Honig
Saft einer halben Zitrone
1 Eigelb

Die Zutaten gut miteinander vermischen und nach dem Ansetzen kühl und dunkel aufbewahren.

Das Shampoo sollte wegen des Eigelbs nicht länger als ein paar Tage aufbewahrt werden. Am besten im Kühlschrank einlagern.

Gesund mit Honig

Gesund mit Honig

Ein Buch über Honig ist auch immer ein Buch über Gesundheit. Das wird deutlich, wenn man seine Geschichte zurückverfolgt und immer wieder auf Dokumente stösst, die die Wirkung des Honig über alle Maßen herausstellt.
Die Heilkundigen früherer Epochen verließen sich auf ihre praktischen Erfahrungen und Beobachtungen. Sie erkannten aber schon früh die große Heilkraft, die im Honig steckt.
Beinahe alle Erfahrungen und Rezepturen, die überliefert sind, können wir mit unseren heutigen Untersuchungsmethoden nur bestätigen.
Honig ist ein Naturprodukt, deshalb sind seine Inhaltsstoffe Schwankungen unterworfen. Das macht es für die moderne Medizin schwer, diesen Stoff als Medikament einzusetzen. Die Forschung zeigt aber, daß bestimmte Honige unseren modernen Medikamenten ebenbürtig oder gar überlegen sind. Ob zur allgemeinen Kräftigung, zur Vorsorge oder bei speziellen Leiden, da wo die Schulmedizin stockt, kann mit Honig oft noch eine Besserung erzielt werden. Ein geflügeltes Wort unserer Großeltern sagt zu Recht: „Honig heilt!"

Der Honig – ein ganz besonderer Stoff

Was macht dieses Naturprodukt so wertvoll für uns? Im wesentlichen sind das drei Faktoren, die auch für viele andere Heilpflanzen und-kräuter gelten und die beim Honig in günstiger Kombination aufeinandertreffen.

Ein naturbelassenes Lebensmittel

Wie nur noch ganz wenige Lebensmittel ist der Honig seit Jahrtausenden unverändert in seiner Zusammensetzung. Seine Produktion ist, von ganz wenigen Eingriffen bei der Abfüllung und der Bienenpflege abgesehen, ein natürlicher Vorgang und kommt ohne moderne Lebensmitteltechnik und -chemie aus.

Medizinisch wirksam

Honig ist kein Medikament und ersetzt auch nicht den Gang zum Arzt! Aber, daß es gar nicht soweit kommt, daß Sie einen Arzt aufsuchen müssen, dabei leistet der Honig eine unschätzbare Hilfe. Jahrhunderte alte Erfahrungen lehren, daß Honig dem Körper alles bieten kann, um ihn vor Krankheiten zu schützen und daß er ihn auch davon kurieren kann. Die Inhaltsstoffe haben nachweislich einen überaus positiven Einfluß auf sehr viele Körperfunktionen. Jedes Mal, wenn Sie Honig essen, tun Sie etwas für Ihre Gesundheit!

Keine Nebenwirkungen

Honig wirkt antiseptisch, kräftigend, unterstützt viele Organe in ihren Funktionen. Aber Honig hat keinerlei Nebenwirkungen! Essen Sie davon, so viel Sie wollen, Sie müssen sich keine Gedanken machen, über unerwünschte Nebenwirkungen, die Ihrem Körper schaden könnten. Bei welchem modernen Mittelchen aus der Apotheke können Sie in dieser Beziehung heute sicher sein.

Einschränkungen muß man nur bei Diabetikern und Allergikern machen, die sollten ärztlichen Rat einholen. Und wie alles Süße, fördert Honig Karies.

Die Inhaltsstoffe

Nicht die isolierten einzelnen Komponenten machen den Honig so wertvoll, sondern ihre spezielle Kombination. Alle einzelnen Stoffe wirken zusammen und unterstützen und verstärken ihre Wirkung untereinander. Im einzelnen sind das:

Wasser

Der Wassergehalt der einzelnen Honigsorten schwankt zwischen 16 und 23%. Liegt der Anteil höher, ist der Honig entweder noch nicht ganz ausgereift, oder er hat nachträglich wieder Feuchtigkeit gezogen. Honiggläser aus diesem Grund immer gut verschlossen halten, ein offener Deckel genügt, um den Wassergehalt zu erhöhen. Bei einem höheren Gehalt an Wasser und einer zu warmen Lagerung kommt schnell ein Gärprozess in Gang. Die Germanen nutzten dies, um den berühmt-berüchtigten Met herzustellen. Generell ist der Honig für fremde Geschmacksstoffe und Gerüche empfindlich.

Zuckerstoffe

Mit einem Anteil zwischen 50 und 80% machen die Zuckerstoffe, oder Saccharide den Hauptbestandteil des Honigs aus. Sie sind es die unsere Geschmacksempfindung bestimmen und die auch die gute Aufnahme des Honigs in unserem Körper ausmachen. Die Zuckerstoffe lassen sich weiter unterteilen und sind mit folgenden Durchschnittswerten im Honig enthalten:

- Fruchtzucker: 34 - 41%
- Traubenzucker: 28 - 35%
- Rohrzucker: bis 10%
- Malzzucker: 4 - 15%
- höhere Zucker: 1 - 14%

Die Blütenhonige enthalten in der Regel mehr Zuckerstoffe, hier sind es eher zwischen 70 und 80%. Die Honigtau-Honige weisen mit 50 bis 65% einen vergleichsweise geringen Zuckeranteil aus. Sie sind geschmacklich natürlich nicht ganz so süß, sondern eher herb-kräftig. Auch in der Farbe sind sie gewöhnlich dunkler als die Blütenhonige. Besonders hervorzuheben sind in dieser Aufstellung der große Anteil von Monosacchariden, also dem Fruchtzucker und dem Traubenzucker. Diese Monosaccharide werden vom Körper direkt aufgenommen und stehen unmittelbar nach dem Genuß des Honig als Treibstoff zur Verfügung. Diese „Leistungsspritze" wissen vor allem Sportler zu schätzen oder Menschen, die geistige Höchstleistungen vollbringen wollen. Körper und Geist erholen sich sehr rasch wieder. Weiterhin interessant ist der Fruchtzucker-Anteil im Honig, Fruktose wird im Körper ohne Insulin aus der Bauchspeicheldrüse verarbeitet. Diabetiker schätzen deshalb den Akazienhonig, der einen besonders hohen Anteil an Fruktose enthält. Natürlich werden mit dem Akazienhonig auch die anderen Zuckerstoffe mit aufgenommen, deshalb kann ein Diabetiker selbst diesen Honig nicht bedenkenlos konsumieren und sollte immer seinen Arzt um Rat fragen. Mit Sicherheit kann man den Honig aber gut in einen notwendigen Diätplan einbauen.

Ein weiterer großer Vorteil den der Honig gegenüber dem Zucker hat, ist der wesentlich geringere Anteil an Di- und Polysacchariden. Unser handelsüblicher Haushaltszucker dagegen besteht komplett aus Disacchariden. Um diesen Zucker überhaupt verwerten zu können muß er im Darm zuerst in Einfachzucker umgewandelt werden. Bei diesem Prozess entstehen Abfallstoffe und ein Gärvorgang setzt ein, dabei wird auch die lebenswichtige Darmflora in Mitleidenschaft gezogen. Wenn irgend möglich, sollten wir diesen „zu Tode gereinigten" Zucker reduzieren, er enthält neben den Kalorien keine weiteren nützlichen Inhaltsstoffe - und Kalorien bekommen wir heute eh im Übermaß. Die modernen Lebensmittel enthalten versteckt sehr viel von diesem Zuckerstoff, so daß man wenig Überblick hat. Suchen Sie sich also „ihren" Honig, den Sie zum Kochen und Backen verwenden wollen. Es muß in diesem Fall kein seltener und deshalb hochpreisiger Honig sein.

Enzyme

Dabei handelt es sich um Eiweißverbindungen, die in unserem Körper bio-chemische Prozesse in Gang bringen oder beschleunigen, am bekanntesten ist die Tatsache, daß Enzyme maßgeblich an der Verdauung mitwirken. Aber es gibt eigentlich keinen Bereich unserer Körperfunktionen wo diese Eiweißverbindungen nicht benötigt werden. Diese Eiweißverbindungen können von unserem Körper größtenteils selbst hergestellt werden, allerdings verbrauchen sie sich bei jedem Prozess, der in unserm Körper abläuft und in Zeiten großer Anspannung oder Krankheit, besonders ab der Lebensmitte, sollten dem Körper mit der Nahrung diese wichtigen Stoffe in ausreichender Menge zugeführt werden. Im Honig nun sind einige Enzyme vorhanden, die fünf wichtigsten sind:

- Invertase
- Diastase
- Glucoseoxidase
- Phosphatasen
- Katalasen

Man kann allerdings vermuten, daß außer diesen noch weitere mehr enthalten sind, die den hohen gesundheitlichen Wert des Honig begründen.

Diese wichtigen Bestandteile unseres Organismus, die an allen wichtigen Körperfunktionen und Selbstheilungsprozessen beteiligt sind, können leicht zerstört werden. Sie sind wenig hitzebeständig. Schon eine längere Erwärmung knapp über 40 Grad schränkt ihre Wirkung stark ein. Ein weiterer Temperturanstieg, auch nur kurzzeitig, zerstört die meisten Enzyme. Vor diesem Hintergrund ist eine schonende Honiggewinnung wichtig. Auch im Haushalt sollte der Honig kühl gelagert werden. Falls er auskristallisiert, kann man ihn durch Erwärmen wieder glatt und fließfähig machen. Notwendig ist das nicht, denn die Kristallisierung ist ein natürlicher Vorgang, der die Qualität des Honigs nicht beeinträchtigt. Wenn Sie Honig also erwärmen wollen, dann am besten in einem Wasserbad bei langsamem Temperaturanstieg und keinesfalls wärmer als 40 Grad.

Wenn Sie mit Honig kochen oder backen, sollten Sie ebenfalls darauf achten, daß der Honig möglichst am Ende zugegeben und nicht mitgekocht wird. Läßt sich das gemäß Rezept nicht vermeiden, hilft es, kurz vor dem Servieren einen Löffel Honig zusätzlich beizugeben.

Vitamine

Eine gesunde Ernährung hängt maßgeblich von einem ausgeglichenen Vitaminhaushalt ab. Zumal unser Körper Vitamine nicht selbst produzieren kann - wir müssen sie mit unserer Nahrung zu uns nehmen.

Honig nun ist keine ausgesprochene „Vitaminbombe", er enthält hauptsächlich Vitamine der B-Gruppe, wie B_1, B_2, B_6, außerdem Vitamin C, H, Biotin, Pantothensäure und Folsäure. Diese Vitamine sind wichtig für unsere Grundversorgung und eine wichtige Nahrungsergänzung. Gerade die Vitamine der B-Gruppe kommen in unserer üblichen, modernen Nahrung nicht gerade häufig vor. Verglichen mit unserem Haushaltszucker, der überhaupt keine Vitamine enthält, ist es keine Frage, welches Süßmittel zu bevorzugen ist.

Mineralstoffe und Spurenelemente

An diesen lebenswichtigen Vitalstoffen hat der Honig einiges zu bieten. Und wenn man weiß, daß Mangel an diesen anorganischen Stoffen genauso verbreitet ist wie Vitaminmangel, kann man Honig nur unbedingt empfehlen.

Hauptsächlich sind folgende Mineralien zu finden:

• Kalium:	30 -70%
• Natrium:	3 -10%
• Calcium:	0,4 - 8%
• Magnesium:	0,5 - 2%
• Phosphor:	3 - 26%
• Chlor:	1 -21%
• Schwefel:	0,5 - 4%
• Silizium:	0,2 - 5%
• Eisen:	0,1 - 10 %

Diese große Spannbreite im Anteil der verschiedenen Mineralien, läßt sich dadurch erklären, daß zwischen den einzelnen Honigsorten große Unterschiede bestehen. Generell kann man sagen, daß der Waldhonig als etwas reicher an Mineralstoffen und Spurenelementen gilt, als der Blütenhonig.

Die Spurenelemente, die sich im Honig befinden:

- Kupfer
- Kobalt
- Nickel
- Mangan
- Jod
- Chrom
- Molybdän

Wie der Namen verrät sind diese Stoffe nur in sehr geringen Mengen im Honig vorhanden. Das heißt allerdings nicht, daß sie nur eine geringe Wirkung entfalten. Ein Grundsatz der Homöopathie besagt, daß gerade kleinste Dosierungen eines wichtigen Stoffes die größte Wirkung in unserem Organismus hervorruft.

In diesem Zusammenhang sind neuere Untersuchungen zu Vitaminen und deren Wirkung in unserem Körper veröffentlicht worden. Dabei wurden verschiedene Vitaminpräparate auf ihre Wirkung im menschlichen Organismus untersucht. Vergleichend dazu wurden Gemüse und Obst betrachtet, die oft eine viel geringere Konzentration der betreffenden Vitamine aufwiesen. Beinahe durchgängig sprach der Körper auf die natürlichen Vitamingaben besser an, als auf die oft höher dosierten Vitaminpräparate. Erklären kann man das durch die komplexe

Struktur der Lebensmittel. Die einzelnen Inhaltsstoffe unterstützen sich in ihrer Wirkung und manche Reaktionen werden erst beim Vorhandensein eines anderen Stoffes in Gang gesetzt. Es gilt also der bekannten Ausspruch: „Das Ganze ist mehr, als die Summe aller Teile".

Säuren

An Säuren finden sich im Honig eine ganze Reihe organischer und zwei anorganische Säuren. Diese Säuren entstehen durch chemische Reaktionen, hauptsächlich aus dem Traubenzucker. Für einen weiteren Teil ist die Biene verantwortlich. Durch das Sammeln und die Honigerzeugung wird der Nektar oder Honigtau immer wieder mit körpereigenen Säuren der Biene versetzt. Es finden sich in unterschiedlicher Konzentration folgende Säuren:

- Ameisensäure
- Essigsäure
- Milchsäure
- Buttersäure
- Bernsteinsäure
- Malonsäure
- Zitronensäure
- Apfelsäure
- Succinsäure
- Pyroglutamin
- Pyrolikonsäure

anorganische Säuren

- Salzsäure
- Phosphorsäure

Diese Melange an Säuren variiert von Honigsorte zu Honigsorte stark. Sie bestimmen den Geschmack entscheidend und geben dem Honig seinen Charakter. Gesundheitlich wirken die Säuren hauptsächlich appetitanregend und verdauungsfördernd.

Wer Magenprobleme hat und empfindlich auf Säuren reagiert, sollte sich an Raps- oder Akazienhonig halten, Honige mit recht geringem Säuregehalt.

Aminosäuren

Essentielle Aminosäuren benötigt der Körper um Eiweiß aufzubauen. Der Honig liefert sieben dieser Grundstoffe. Unsere tägliche Nahrung liefert in der Regel genügend essentielle Aminosäuren, so daß man sich hier wenig Gedanken um eine Unterversorgung machen muß.

Hormone

Als wichtiges Hormon in unserem Körper gilt Acetylcholin. Es arbeitet als Reizüberträger im vegetativen Nervensystem und ist somit beteiligt an allen automatisch ablaufenden Aktivitäten wie Atmung, Verdauung, Stoffwechsel. Schon winzigste Spuren dieses Stoffes genügen, um seine Aufgaben zu erfüllen. Im Honig sind in einem Kilogramm 0,6 bis 5 mg enthalten, das ist im Vergleich zur benötigten Menge ein enormes Überangebot.

Aber Acetylcholin wirkt darüber hinaus äußerst positiv im Herz-Kreislauf-System. Es unterstützt das Herz bei seiner Arbeit, sodaß ein Professor Koch den Ausspruch prägte, „Honig sei Hafer für das Herz".

Außerdem regt das Hormon die Verdauungs- und Stoffwechselfunktionen nebst Nieren und Blase an.

Aromastoffe

Hier haben wir nun eine große Gruppe verschiedener Substanzen, die hauptsächlich für den Geschmack des Honig verantwortlich sind. Über 150 wurden bislang ausgemacht. Chemisch gesehen gehören sie in die Gruppe der Kohlenwasserstoffe, Alkohole, Carbonylverbindungen, Säuren und Estern. Das sind flüchtige Öle aus den Trachtpflanzen. Also geschmacklich und stofflich die direkte Verbindung zum Wald, der Wiese, den Pflanzen, zu Wind und Wetter der Region in der der Honig entstanden ist. Machen Sie sich den Spaß und kaufen Sie sich mehrere kleine Gläschen verschiedenster Honige und verkosten Sie diese Honige pur. (Die Firma Allos bietet zum Beispiel verschiedene Probiersortimente mit verschiedenen Honigen, darunter auch sehr exotische Varianten). Versuchen Sie einige bekannte Geschmackstoffe zu erkennen. Wenn Sie mit heimischen Honigen beginnen, haben sie eher die Chance auf bekannte Eindrücke zu stoßen. Zum Beispiel beim Tannenhonig schlägt das Harzige, der Geruch der Bäume und Nadeln stark durch. Sie werden auf jeden Fall im direkten Vergleich eine riesige Vielfalt in Farbe und Geschmack erkennen. Also, machen Sie sich auf die Suche nach ihrem Lieblingshonig. Ihrer Gesundheit tun Sie damit auf jeden Fall einen Gefallen.

Die kleine Honig-Hausapotheke

Nach all diesen theoretischen Grundlagen, die zeigen wie wertvoll der Honig für unsere Gesundheit ist, stellen wir Ihnen hier die praktische Anwendung bei häufig vorkommenden Beschwerden vor.
An dieser Stelle noch einmal der dringende Hinweis: Diese Rezepte mit Honig ersetzen bei anhaltenden Beschwerden keinen Arztbesuch! Überlassen Sie die richtige Diagnose Ihrem Arzt. Erst wenn die Ursache von Beschwerden eindeutig geklärt ist, kann nach Absprache mit dem Therapeuten Honig zur Behandlung durchaus angewandt werden.
Diese, und auch die Koch- und Backrezepte sollen schmecken, sie sollen Spaß machen und vorallem vorbeugend wirken - und das werden sie auch. Ihre Gesundheit wird positiv beeinflußt und kleine Alltagsbeschwerden, können Sie oft ohne Einnahme von Medikamenten, nur mit der Kraft der Natur, kurieren.

Kopfschmerzen

Als einfaches Mittel gegen Kopfschmerzen oder auch Migräne sollten Sie einmal einige Löffel •Orangenhonig ausprobieren. Pur einige Löffel im Mund zergehen lassen und langsam hinunterschlucken.

Kräutertee

Zutaten:
Hopfen, Lavendel, Melisse oder Rosmarin
2 TL Honig

Einen Teelöffel des ausgewählten getrockneten Heilkrauts auf eine Tasse kochendes Wasser.

Fünf Minuten ziehen lassen, durch ein Teesieb gießen und abkühlen lassen auf unter 40 Grad. Danach mit 2 TL Honig süßen und schluckweise trinken.

Ingwertee

Zutaten:
1 TL frisch geriebenen Ingwer
2 TL Honig

Die frisch geriebene Ingwerwurzel auf eine Tasse kochendes Wasser, fünf Minuten ziehen lassen.

Durch ein Sieb gießen, abkühlen lassen und mit dem Honig süßen.

Erkältung

Husten, Schnupfen, triefende Nase und ohne Energie - eine Erkältung ist medizinisch gesehen eigentlich nicht sehr bedenklich, aber für die Betroffenen und seine Umgebung sehr unangenehm. Hier kann man nur empfehlen, jeden Tag ein bis zwei Löffel Honig zur allgemeinen Stärkung der Abwehrkräfte und man muß sich damit erst gar nicht auseinandersetzen. Wen es doch erwischt hat, sollte folgendes probieren:

Milch mit Honig

Zutaten:
1 Glas Milch (pasteurisierte Milch mit 3,8% Fettanteil)
2 TL Honig

Die Milch erwärmen, nicht über 38 Grad. Den Honig einrühren und vor dem zu Bett gehen trinken.

Diese Rezeptur können Sie verbessern, wenn der Patient schon etwas geschwächt ist und schneller wieder zu Kräften kommen soll, indem Sie ein frisches Eigelb hinzufügen. Außerdem wirksam bei *Schlafstörungen* und *Nervosität*.

Holunderblütentee

Zutaten:
2 TL Holunderblüten
0,25 Liter Wasser
2 TL Honig

Wasser zum kochen bringen und die Holunderblüten überbrühen. Danach zirka 10 Minunten ziehen lassen.

Durch ein Teesieb abgießen und wenn der Tee etwas abgekühlt ist, mit dem Honig süßen. Trinken Sie über den Tag verteilt 2 bis 3 Tassen.

Bier mit Honig

Zutaten:
0,25 Liter Bier
2-3 TL Honig, nach Geschmack auch mehr

Das Bier auf zirka 40 Grad erhitzen. Nicht wärmer, da sonst der Honig viel von seiner Wirkkraft einbüßt.

Den Honig in das Bier einrühren und so warm wie möglich trinken. Danach am besten gleich ins Bett und die beruhigende Wirkung des Hopfens und des leichten Alkoholgehalts zu einem tiefen Schlaf nutzen.

Der Geschmack ist nicht jedermanns Sache, aber die Wirkung ist umwerfend. Ebenso wie Milch mit Honig ist Bier mit Honig bei *leichten Schlafstörungen* wirksam und bei *Nervosität*.

Fieber

Haben Sie wegen einer ausgewachsenen Erkältung, einer Grippe oder sonstigen Ursachen Fieber, ist Vorsicht geboten. Es ist immer ein Anzeichen dafür, daß die Abwehrkräfte Ihres Körpers auf Hochtouren arbeiten. Durch die Temperaturerhöhung bekämpft der Körper die Krankheitserreger. Bis zirka 39 Grad sollten Sie auch nicht gleich etwas dagegen unternehmen. Hält sich die Temperatur allerdings länger auf diesem Niveau oder steigt gar, sollten Sie einen Arzt zu Rate ziehen. Andernfalls helfen folgende Mittel.

Lindenblütentee mit Honig

Zutaten:
1 gehäufter TL Lindenblüten
2 TL Honig

Die Lindenblüten mit einer Tasse kochendem Wasser übergießen und 10 Minuten ziehen lassen.

Abseihen und abkühlen lassen. Wenn die Temperatur unter 40 Grad ist, den Honig hinzufügen.

Roter Johannisbeer Saft

Zutaten:
0,25 Liter Roter Johannisbeer Saft
2 TL Honig

Den Saft von roter Johannisbeere vorsichtig erwärmen. Er sollte auf keinen Fall aufkochen.

Den Honig hinzufügen und gut verrühren. Den Saft in kleinen Schlucken trinken, solange er noch warm ist.

Johannisbeer-Drink

Zutaten:
0,25 l fettarmer Kefir
125 g rote Johannisbeeren
1 TL Vanillezucker
2 TL Honig
2 EL Dr. Grandel Weizenkeime
Zitronensaft

Die roten Johannisbeeren gründlich waschen und putzen und dann mit dem fettarmen Kefir und allen übrigen Zutaten fein pürieren.

Die Glasränder erst in etwas Zitronensaft und anschließend in die Weizenkeime tauchen. Den Kefir einfüllen und alles kühl servieren.

Darmbeschwerden, Durchfall

Ist oft eine Reaktion auf verdorbene Speisen. Das kommt gerade bei Kindern häufig vor, wenn sie unreifes Obst gegessen haben, dann meist in Verbindung mit zum Teil sehr heftigen Magenschmerzen.

Es kann auch ein Zeichen für eine Darminfektion oder eine allergische Reaktion sein.

Honig mit Pollen

Zutaten:
3 Teile Honig
1 Teil Pollen

Den Pollen im Reformhaus oder direkt beim Imker besorgen.

Im Honig glatt verrühren und am besten pur einnehmen.

Schwarzer Johannisbeersaft

Zutaten:
0,5 l Johannisbeersaft
2 TL Honig

Den Saft der schwarzen Johannisbeere mit Honig süßen und über den Tag verteilt in 2 bis 3 Portionen trinken. Keinesfalls mit Haushaltszucker süßen, das belastet den Darm noch mehr.

Schwarze Johannisbeere-Drink

Zutaten:
0,2 Liter Original Kanne Brottrunk
0,25 Liter Schwarzer Johannisbeer-Nektar
2 TL Akazienhonig

Den Brottrunk aus dem Reformhaus mit dem Johannisbeer-Nektar verrühren.

Den Drink mit dem Akazienhonig süßen und in ein Longdrinkglas füllen.

Mit einem Blättchen Zitronenmelisse dekorieren und gut gekühlt servieren.

Blasenentzündung

Hervorgerufen durch Infektionen, die sich über die Harnwege bis zur Blase ausbreiten, oder auch durch eine Pilzinfektion.

Eine auftretende Blasenentzündung muß auf jeden Fall ernst genommen und gut auskuriert werden. Andernfalls kann sich eine einmalige Erkrankung leicht zu einer chronischen Erkrankung entwickeln und dann den Körper als ständiger Herd von neuen Infektionen immer wieder beeinträchtigen.

Eine weitere Gefahr ist, daß sich die Krankheitserreger weiter ausbreiten und nicht nur die Blase und Harnwege infizieren, sondern daß sie weiter wandern bis zur Niere und auch dieses Organ angreifen.

Blaseninfektionen werden hervorgerufen, wenn man längere Zeit nasse oder kalte Füße hat, oder für längere Zeit auf kaltem Boden sitzt. Auch nach dem Baden das nasse Schwimmzeug anbehalten, reicht schon als Auslöser für eine sehr schmerzhafte Infektion aus.

Die ersten Anzeichen einer Blasenentzündung sind häufiger Harndrang und brennende Schmerzen beim Wasserlassen. Bessert sich der Zustand nicht innerhalb von zwei bis drei Tagen, sollten Sie den Arzt aufsuchen. Sofortiger Arztbesuch ist angezeigt, wenn zusätzlich noch Fieber auftritt. Er entscheidet ob Antibiotika notwendig sind oder ob eines der folgenden Hausmittel zum Einsatz kommen kann.

Oberstes Gebot bei einer Blasenentzündung ist: sehr viel trinken. Damit sollen die Krankheitserreger im Harnweg und in der Blase ausgeschwemmt werden.

Maisbart-Tee

Zutaten:
3-4 TL getrockneten Maisbart aus dem Reformhaus
2 TL Honig

Den getrockneten Maisbart in eine Tasse geben und mit kochendem Wasser überbrühen.

Zehn Minuten ziehen lassen, danach abseihen und den Honig zugeben, allerdings erst wenn der Tee etwas abgekühlt ist.

Dieser Tee wirkt harntreibend und durchblutet das Becken stark. Schwangere sollten den Tee nicht anwenden.

Bärentraubenblätter- und Goldrutentee

Zutaten:
2 EL Goldrute (Blüten und Kraut)
2 EL Bärentraubenblätter
2 TL Honig

Die Teemischung in ein Gefäß geben und mit einem Liter kochendem Wasser übergießen.

15 bis 20 Minuten ziehen lassen und danach durch ein Teesieb abgießen.

Den Tee über den Tag verteilt in mehreren Portionen trinken und jeweils frisch 2 Teelöffel Honig zugeben.

Sitzbad mit Kamille

Zutaten:
150 g Kamillenblüten
125 g Honig (Tannen-, Heide-, oder Eukalyptushonig)

Die Kamillenblüten in einen Topf mit reichlich warmem Wasser geben. Zugedeckt mehrere Stunden ziehen lassen.

Den Topfinhalt durch ein Sieb abseihen. Den Honig können Sie in den noch warmen Sud einrühren, dann verteilt er sich besser.

Ein Bad einlassen. Die Temperatur sollte 36 bis 39 Grad betragen. Den Sud beigeben und gut verteilen.

Die Badezeit sollte zirka 15 Minuten betragen. Am besten vor dem zu Bett gehen, oder aber nach dem Bad eine mindestens einstündige Bettruhe einhalten.

Bei Blasenenzündungen haben sich ebenfalls folgende Heilkräuter zur Anwendung als Sitzbad bewährt.

- Zinnkraut
- Schachtelhalm

Die Anwendung kann nach dem oben beschriebenen Rezept durchgeführt werden.

Erschöpfung, Kreislaufbeschwerden, Müdigkeit

Eine moderne Krankheit! Zum einen weil die Anforderungen des Alltags scheinbar ständig zunehmen, und man sich während des Tages keine ruhige Minute mehr gönnt, nie zur Besinnung kommt.

Die Hektik des modernen Alltags, Lärm, Verkehr, enge Zeitpläne, das alles zerrt an unseren Nerven und wir müssen uns ganz bewußt Zeit nehmen, um uns davon zu erholen. Vielen Menschen scheint das zunehmend schwer zu fallen und sie brauchen fachmännische Hilfe um sich diese notwendigen Ruhephasen zu verschaffen.

Einseitge Ernährung, Bewegungsmangel, überwiegend sitzende Tätigkeiten und wenig Gelegenheit sich mal so richtig auszutoben, nagen zusätzlich an unserem Nervenkostüm und unserer allgemeinen Konstitution.

Wer sich oft müde und abgespannt fühlt, besonders anfällig ist gegen Infektionskrankheiten, sich schon morgens matt fühlt, der sollte seinen Arzt aufsuchen und sich gründlich untersuchen lassen. Oft sind solche „Kleinigkeiten" erste Symptome einer ernsthaften Erkrankung.

Wenn organische Ursachen ausgeschlossen sind, dann hilft oft schon eine Umstellung des Speiseplans. Viel Obst und frisches Gemüse, weniger Fastfood und ab und zu eine kleine Kur mit natürlichen Vitaminbomben und Muntermachern.

Honig

Klingt einfach, und wirkt phantastisch. Essen Sie jeden Tag Honig! Drei bis vier Teelöffel täglich genügen, um die Abwehrkräfte des Körpers zu mobilisieren und zu kräftigen. Pur, auf dem Frühstücksbrot oder in anderer Form. Aber beachten Sie:

Erhitzen Sie Honig nie über 35 Grad, wertvolle Inhaltsstoffe verlieren ihre Wirkung.

Lagern Sie Honig kühl und trocken, er nimmt fremden Geruch und Geschmack leicht an.

Lagern Sie Honig dunkel, wenn er ständig dem Sonnenlicht ausgesetzt ist, verliert er ebenfalls wichtige Wirkstoffe.

Wechseln Sie die Honigsorte. In der großen Auswahl gibt es nicht nur geschmacklich Unterschiede, sondern auch wirksame Inhaltsstoffe variieren sehr stark.

Probieren Sie auch andere Bienen- und Honigprodukte aus:

- **Scheibenhonig** – reiner Bienenhonig direkt aus der Wabe, eine köstliche Spezialität mit einem erweiterten Wirkungsbereich als der pure Honig.
- **Gelee royale** – die Speise der Bienenkönigin. Aktiviert unsere gesamten Vitalfunktionen.
- **Propolis** – der Kittharz, den die Bienen zum abdichten und desinfizieren des Bienenstockes benutzen. Speziell zur Stärkung unserer Abwehrkräfte und zur Bekämpfung von Infektionen.

Kaufen Sie nur naturreinen Honig direkt vom Imker oder informieren Sie sich genau über Produktions- und Abfüllverfahren des Honiganbieters.

Honig-Knoblauch

Zwei Naturprodukte die sich hervorragend ergänzen und in ihrer Wirkung potenzieren.

Sowohl Honig als auch Knoblauch wirken antiseptisch und stärken somit unsere körpereigenen Abwehrkräfte. Beide wirken weiterhin regulierend und entlastend auf unser Herz-Kreislauf-System und schützen vor gefährlichen Ablagerungen im Blutkreislauf.

Knoblauch sagt man nach, daß er, reichlich genossen, quasi als Jungbrunnen wirke und uns bis ins hohe Alter vital halte. Wer diese beiden Superstoffe kombinieren möchte, aber den Geruch von Knoblauch unangenehm findet, kann auf diverse Knoblauchprodukte aus dem Reformhaus zurückgreifen.

Zutaten:
2 EL Honig
(am besten eine intensiv schmeckende Sorte, die der Knoblauch nicht vollkommen überdeckt)
4 Knoblauchzehen

Die Knoblauchzehen schälen und den Saft, der frisch gepressten Zehen mit dem Honig vermischen.

Von dieser Mischung über einen Zeitraum von mindestens einer Woche regelmäßig morgens und abends einen Eßlöffel einnehmen.

Vitaminreiche Bio-Drinks

Zutaten:
0,3 l Sanddornsaft
0,2 l frische Vollmilch
(z.B. Andechser)

Zutaten:
200 g Heidelbeeren
0,3 l frische Vollmilch
(z.B. Andechser)
1 TL Vanille-Zucker
2 EL Honig

Zutaten:
200 g Erdbeeren
0,3 l frische Vollmilch
(z.B. Andechser)
2 EL Honig
Zitronensaft

Den Sanddornsaft aus dem Reformhaus gut mit der Vollmilch verquirlen.

Den Drink in einen gut vorgekühlten Krug füllen und mit Minzeblättchen dekoriert, servieren.

Die Heidelbeeren waschen und abtropfen lassen. Zur Milch geben und mit dem Pürierstab fein mixen.

Die Heidelbeer-Milch mit dem Honig süßen und mit etwas Vanille-Zucker abschmecken.

Mit einem Minzeblättchen dekorieren und gut gekühlt servieren.

Die Erdbeeren waschen und kleinschneiden. Zur Milch geben und mit einem Pürierstab mixen.

Die Erdbeer-Milch mit dem Honig süßen und mit etwas Zitronensaft abschmecken.

Mit einem Minzeblättchen dekorieren und gut gekühlt servieren.

Honigwein oder Met

Im Gegensatz zu den Drinks der vorhergehenden Seite, wird hier nicht auf die Kraft der Vitamine gesetzt, sondern auf die anregende Wirkung von Alkohol.

Aber der Met hat ja, wie der Wein generell - hier speziell der Rotwein - den Ruf den Organismus zu stärken. Nicht umsonst wurde in Klöstern der Rotwein auch als Medizin verabreicht. Und Rezepturen wie Rotwein mit Eigelb sind weithin als Stärkungsmittel bekannt.

Sie können natürlich fertigen Met von diversen Anbietern beziehen, viel mehr Spaß bringt es allerdings, wenn Sie sich Ihren eigenen Germanentrunk brauen. Versuchen Sie sich zu Beginn an einer haushaltsüblichen Menge. Hat das geklappt, können Sie sich als nächstes an einen Wintervorrat heranwagen.

Zutaten für ca. 10 l Met:
7 l Wasser
1 l Apfelsaft
3 kg Honig
4 g Weinstein
40 g Hefe
Zimt, Muskat, Ingwer und Nelken
einen Gärballon mit Gäraufsatz

Das Wasser und den Apfelsaft in einen entsprechend großen Topf geben. Den Honig einrühren und auf kleiner Flamme für zirka zwei Stunden leicht köcheln lassen.

Das Honigwasser öfters umrühren und dabei immer wieder den entstehenden Schaum abschöpfen.

Nach Beendigungn der Kochzeit die Hefe in etwas Wasser auflösen und dem Honigwasser beigeben. Die Flüssigkeit aus dem Kochtopf in einen Gärballon geben.

Die Gewürze nach eigenem Geschmack mischen und zusammen mit dem Weinstein in ein Leinensäckchen geben. Das wird, einem Teebeutel gleich, in den Ballon gehängt. Das Gefäß mit dem Gärverschluß, einer Gummikappe mit Loch und einem Gäraufsatz, verschließen.

Für zirka zwei bis vier Monate muß der künftige Met bei einer möglichst gleichbleibenden Temperatur von 20 bis 25 Grad gelagert werden, bis der Gärprozess abgeschlossen ist.

Bei dem Gärvorgang wird der vorhandene Zucker etwa zu gleichen Teilen in Alkohol und gasförmige Kohlensäure umgesetzt.

Die Kohlensäure steigt nach oben und im Ballon entsteht durch den Gärprozess ordentlich Bewegung.

Die aufsteigende Kohlensäure drückt den inneren Wasserspiegel des Gäraufsatzes nach oben und entweicht deutlich hör- und sichtbar.

So kann man genau beobachten, wann der Gärprozess einsetzt, wann er seinen Höhepunkt erreicht hat und wann er wieder im Abklingen begriffen ist.

Ist die Kohlensäurebildung zu Ende, die den Met ständig in Bewegung behalten hat, beginnen sich die Schwebeteilchen langsam zu setzen und der Met klärt sich noch etwas auf.

Den fertigen Met in Flaschen abfüllen und kühl lagern. So hält er sich gut ein halbes Jahr.

Der Alkoholgehalt liegt bei mindestens 13, eher 14 Vol.%, was einem durchschnittlichen Wein entspricht.

Sie können ihrem Honigwein andere Gewürze oder Kräuter beigeben und dadurch den Geschmack verändern, aber auch die Heilwirkung beeinflussen.

Anstelle des Apfelsaftes ist es möglich andere, frisch gepresste Früchtsäfte zu verwenden, oder auch die Fruchtmasse zuzusetzen. Probieren Sie einfach aus, was Ihnen schmeckt.

Zur kurmäßigen Anwendung nehmen Sie von Ihrem selbstgebrauten Honigwein für mindestens zwei Wochen je ein kleines Glas vor dem Essen ein.

Über die Wirkung des Alkohols muß man hier wohl keine Worte mehr verlieren. Viel hilft viel, ist hier fehl am Platze.

Kräuterwein mit Honig

Ebenfalls zur Stärkung des Kreislaufes kann man Kräuterwein aus dem Reformhaus verwenden und etwas Honig zusetzen. Nach folgendem Rezept können Sie sich allerdings auch Ihren eigenen Kräuterwein herstellen:

Zutaten:
1 l trockener Rotwein
100 g Salbeihonig
100 g frische Salbeiblätter

Die Salbeiblätter sortieren, gut waschen und abtropfen lassen und anschließend zu dem Rotwein geben.

Den Honig dazugeben und gut verrühren. Diesen Ansatz zirka drei Tage ziehen lassen.

Noch einmal kurz umrühren und dann durch ein Sieb abgießen. Dunkel und kühl aufbewahren. Bei schwachem Kreislauf ein kleines Gläschen trinken.

Sanddorn-Hagebutten-Drink

Zutaten:
0,1 l Sanddorn-Hagebutten-Dicksaft
100 g Vollmilch-Joghurt
0,1 l Brottrunk
2 TL Akazienhonig

Den Sanddorn-Hagebutten-Dicksaft aus dem Reformhaus mit dem Joghurt und dem Brottrunk gut verrühren.

Den Drink mit dem Akazienhonig süßen und in ein Longdrinkglas geben.

Mit einem Blättchen Zitronenmelisse dekorieren und gut gekühlt servieren.

Müsli nach Bircher-Benner

Zutaten:
200 g Köllns Kernige
1/4 l Milch
1/8 l Sahne
4 Äpfel
2 Bananen
1 Zitrone (Saft)
4 Apfelsinen
50 g gehackte Haselnüsse oder Mandeln
2 EL Honig

Köllns Kernige mit Milch und Sahne übergießen und gut durchweichen lassen.

In der Zwischenzeit die Äpfel in Stückchen schneiden oder grob raffeln.

Bananen schälen und in Scheiben schneiden und mit dem Zitronensaft übergießen.

Ebenfalls die Apfelsinen schälen und in kleine Stücke zerschneiden.

Alle Zutaten mit dem Honig süßen und den gehackten Haselnüssen bestreuen.

Abschließend werden alle Zutaten unter die eingeweichten Haferflocken gehoben.

Früchte Müsli mit geriebenem Pumpernickel

Pumpernickel zerbröseln und mit Haferflocken und dem Honig in einer Pfanne anrösten, bis alles eine leichte braune Kruste bekommt.

Die Masse abkühlen lassen, in einen tiefen Teller geben und das Fermentgetreide darüber streuen.

Die Erdbeeren waschen, halbieren, die Pfirsiche entkernen und in Spalten schneiden.

Die Banane schälen und ebenfalls in Scheiben schneiden.

Alle vorbereiteten Früchte vorsichtig unter das geröstete Pumpernickel heben.

Den Joghurt cremig rühren und darübergießen. Brottrunk mit Honig süßen und dazu trinken.

Zutaten:
1 Scheibe Pumpernickel
1-2 EL Haferflocken
2 EL Honig
2 TL Ferment-Enzymgetreide
200 g Obst z.B. Pfirsich, Erdbeeren, Banane
100 g fettarmer Joghurt
0,2 l Original Kanne Brottrunk

Andechser Bio-Müsli

Zutaten:
ein Apfel, eine Birne
100 g helle Weintrauben
100 g dunkle Weintrauben
40 g Haselnußkerne
200 g kernige Haferflocken
4 EL Honig
4 Becher à 150 g Andechser Bio Joghurt mild

Das Obst waschen, die Druckstellen ausschneiden und dann gut abtropfen lassen. Die Äpfel und die Birnen halbieren und von ihrem Kerngehäuse befreien.

Die Äpfel in kleine Schnitze, die Birnen in Scheiben schneiden.

Die dunklen Trauben halbieren und dabei von allen Kernen befreien.

Die kernigen Haferflocken in vier tiefe Teller geben und das Obst und die Haselnußkerne darauf verteilen.

Jeweils mit einem Eßlöffel Honig süßen. Den Joghurt cremig rühren und über die Müslis gießen.

Athleten-Müsli

Die Banane schälen, dann der Länge nach vorsichtig vierteln.

Auf einem nicht ganz flachen Teller windmühlenförmig anrichten.

Eine Mischung aus Vollkorn-Haferflocken, Corn-Flakes, Rosinen und Haselnüssen bereiten.

Zu gleichen Teilen in die Zwischenräume der Bananenviertel geben.

Honig mit kalter oder heißer Milch verrühren und über das Müsli gießen.

Zutaten (für eine Portion):

1 kleine Banane
25 g Vollkorn-Haferflocken
25 g Corn-Flakes (mit Vitaminen)
25 g Rosinen
25 g Haselnüsse
2 TL Honig
1/4 l Vollmilch

Ballaststoffmüsli mit Trockenfrüchten

Zutaten (für eine Portion):
2 EL Weizenkörner
1 EL Haferkörner
50 g Trockenfrüchte z.B. Feigen, Datteln, Aprikosen, Zwetschgen
2 TL Ferment-Enzymgetreide
0,1 l Buttermilch
1 TL Pistazien
0,2 l Original Kanne Brottrunk

Die Weizen- und Haferkörner gut abspülen und über Nacht in warmem Wasser einweichen.

Am Morgen aus dem Wasser nehmen und in eine größere Schüssel geben.

Die Trockenfrüchte in mundgerechte Stücke schneiden und unter die vorbereiteten Körner geben.

Das Ferment-Enzymgetreide mit der Buttermilch verquirlen und ebenfalls über das Müsli geben.

Mit gehackten Pistazien bestreuen und kurz durchziehen lassen. Dazu Brottrunk servieren.

Müsli mit Nuss-Mandel-Joghurt

Die Walnußkerne, die Erdnüsse und die Mandeln fein mahlen.

Den Joghurt, den Honig und den Zitronensaft zugeben und alles mit Handrührer oder dem Mixer etwa eine Minute auf höchster Stufe verquirlen.

Die Erdbeeren gründlich waschen, putzen und in kleine Stücke schneiden.

Die 6-Korn-Flocken, die Rosinen und die geschnittenen Erdbeerstücke auf einem Teller verteilen.

Mit dem vorgefertigten Nußjoghurt übergießen. Mit den gehackten Walnüssen bestreuen und so servieren.

Zutaten:
4 EL Rapshonig
2 EL Walnußkerne
2 EL ungesalzene frische Erdnüsse
1 EL geschälte Mandeln
500 g Joghurt
1 EL Zitronensaft
500 g Erdbeeren oder andere Beeren
200 g 6-Korn-Flocken
2 EL Rosinen
1 EL grob gehackte Walnüsse

Kochen mit Honig

Feiner Linsensalat mit Honigäpfeln

Zutaten:
200 g kleine Linsen
2 Eigelb (hart gekocht)
100 g Doppelrahm-frischkäse
1 EL Sahne
Meersalz
Pfeffer aus der Mühle
1 Messerspitze Senf
100 g Walnußkern-hälften
200 g Rote Bete
4 EL Walnußöl
1 EL Himbeeressig
2 EL Rotweinessig
1 EL Honig
1 säuerlicher Apfel (ca. 200 g)
25 g Butter
2 EL Honig

Linsen in einer Schüssel gut mit Wasser bedeckt über Nacht ausquellen lassen. Am nächsten Tag in einem Sieb abspülen und abtropfen lassen.

Das Sieb in eine Schüssel hängen, mit einem Teller abdekken und bei Raumtemperatur um 20 Grad stehen lassen.

Linsen zweimal täglich mit lauwarmem Wasser durchspülen. Nach drei bis vier Tagen haben sich kleine Keime gebildet.

Das Eigelb zerdrücken, mit dem Frischkäse und der Sahne zu einer glatten Masse verrühren und mit Salz, Pfeffer und Senf abschmecken.

24 schöne Walnußhälften beiseite legen. Den Rest fein hacken und unter die Käsemasse mischen.

Käse-Nußmasse mit zwei Teelöffeln abstechen und auf 12 Walnußhälften einen Tuff setzen, die restlichen Walnüsse darauf setzen.

Rote Bete schälen und in gleichmäßig feine Streifen schneiden. Öl in einer Pfanne erhitzen und die Rote Bete-Streifen bei milder Hitze etwa 5 Minuten dünsten.

Die nochmals abgespülten und gut abgetropften Linsensprossen hinzufügen und kurz mit erwärmen.

Mit Salz, frischem Pfeffer und Essig würzen und zum Abschluß einen guten Eßlöffel Honig unterziehen.

Den Apfel waschen, nicht schälen, halbieren, Kerngehäuse entfernen und in dicke Spalten schneiden.

In der zerlassenen Butter dünsten und zum Schluß den restlichen Honig gleichmäßig darüber verteilen.

Salat mit den gefüllten Walnußkernen und Honigäpfeln dekorativ auf einer Platte anrichten. Den Honig Buttersud (evtl. mit etwas Sahne loskochen) über die Apfelspalten verteilen.

Wer will, kann auch einen Tropfen auf die Walnüsse geben.

Käsesalat

Zutaten:
2 EL saure Sahne
etwas Zitronensaft
1 TL Honig
2 TL milder Senf
1/2 TL kaltgepreßtes Sonnenblumenöl
2 Scheiben Käse (z.B. Emmentaler)
1 Birne
einige Trauben
Schnittlauch

Aus der Sahne, dem kaltgepreßten Öl und den Gewürzen eine Soße bereiten.

Den Emmentaler oder Gouda oder anderen Käse je nach Geschmack in mundgerechte Streifen schneiden.

Die Birnen waschen, schälen und halbieren. Das Kerngehäuse entfernen und auch die Birnen in Streifen schneiden.

Die Trauben ebenfalls waschen, halbieren und dabei die Kerne entfernen.

Die Käsestreifen und die Birnenschnitze auf dem Teller anrichten und die vorbereitete Soße darübergießen.

Zum Schluß mit Schnittlauch und den Trauben anrichten, dazu Vollkornbrot reichen.

Sommersalat

Die Zucchini, den Friséesalat, die Kirschtomaten und die Brunnenkresse waschen. Die gesamte Zucchini dann in dünne Scheiben schneiden.

Den Friséesalat in mundgerechte Stücke zupfen, Die Tomaten halbieren und die Brunnenkresse abzupfen.

Alle vorbreiteten Zutaten auf Teller verteilen. Das Koriandergrün, den Blütenhonig, die Sojasauce, den frisch ausgepreßten Zitronensaft und das Rapsöl miteinander verrühren.

Das Dressing noch mit Salz und Pfeffer würzen. Danach den Salat mit dem Dressing beträufeln.

Diesen leichten Sommersalat am besten mit etwas frischem Weißbrot servieren.

Zutaten:
1 EL Blütenhonig
4 kleine Zucchini
1 kleiner Friséesalat
250 g Kirschtomaten
1 kleiner Bund Brunnenkresse
1 TL gehacktes Koriandergrün
4 EL Sojasauce
3 EL Zitronensaft
4 EL Raps-Speiseöl
Salz, Pfeffer

Avocado-Geflügel-Salat

Zutaten:
200 g Hähnchenbrust
10 g Butterschmalz
Salz, Pfeffer
2 Avocados à 250 g
4 kleine rote Zwiebeln
1 Birne
1/2 Kopf Eichenblattsalat
2 EL grober süßer Senf
4 EL Honig
1-2 TL Surig Essig-Essenz (25%)
3 EL Soja- oder Distelöl
8 - 10 Blättchen Zitronenmelisse

Hähnchenbrust in Butterschmalz von jeder Seite vier bis fünf Minuten braten, salzen und pfeffern.

Avocados halbieren, schälen und Kerne herauslösen. Fruchtfleisch quer in Scheiben schneiden.

Zwiebeln halbieren, in feine Spalten teilen. Birne waschen, vierteln, Kerngehäuse entfernen, weiter in Scheibchen schneiden.

Salat putzen, waschen und in mundgerechte Stücke zupfen. Salatzutaten auf vier Teller verteilen. Hähnchenbrust in Scheiben schneiden und auf dem Salat anrichten.

Aus Senf, Honig, Essig-Essenz, 4 bis 5 EL Wasser, Öl, Salz, Pfeffer und zerkleinerter Zitronenmelisse eine Marinade rühren und über dem Salat verteilen.

Rote Bete-Salat

Zutaten:
500 g Rote Bete
1 große Zwiebel (40g)
30 g Walnußkerne
1 Bund Minze
100 g Peccorino
8 EL Olivenöl
1 EL Surig-Essig-Essenz
1-2 EL Honig
Salz, Pfeffer

Rote Bete mit Schale 40 bis 50 Minuten in Wasser kochen (je nach Größe der Knollen), danach abkühlen lassen.

Zwiebel schälen und fein würfeln. Walnußkerne grob hakken. Minze abspülen, trocken schütteln und die Blätter in feine Streifen schneiden. Peccorino in hauchdünne Scheiben schneiden oder hobeln.

Das Öl mit dem Honig und der Essig-Essenz verrühren, mit Salz und Pfeffer abschmekken. Die Zwiebelwürfel zugeben.

Die Hälfte der Roten Bete in dünne Scheiben schneiden, den Rest würfeln. Die Scheiben auf vier Tellern anrichten, die Würfel in die Mitte geben und mit der Sauce beträufeln. Die gehackten Walnüsse, den Käse und die Minze über den Salat streuen.

Blattsalat mit Mango und

Zutaten:
2 Entenbrustfilets à 300 g
Salz, frischer Pfeffer aus der Mühle
30 g Butterschmalz
1 kleiner Kopf Eichblattsalat
1/2 Kopf Friseé-Salat
1 große Mango
40 g Walnußkerne

Dressing:
3 EL Surig-Essig-Essenz
4 EL Sherry
3 EL Wasser
2 EL Honig
2 TL rosa Pfeffer
Salz

Den Backofen auf 200 Grad vorheizen.

Die Entenbrustfilets waschen und trockentupfen. Die Haut kreuzweise einschneiden, damit die Fettschicht ausbraten kann. Mit Salz und Pfeffer einreiben.

Butterschmalz in einer Pfanne erhitzen. Die Entenbrüste zuerst mit der Hautseite nach unten in die Pfanne legen. Rundherum anbraten.

Die Filets in den Backofen schieben und ca. 20 Minuten braten. In der Zwischenzeit den Salat putzen, waschen und abtropfen lassen. In mundgerechte Stücke zupfen.

Die Mango schälen. Das Fruchtfleisch vom Kern schneiden und würfeln. Walnußkerne grob hacken.

Das Fleisch aus dem Ofen nehmen und in Alufolie wickeln. Ca. 10 Minuten ruhen lassen.

Für das Dressing Öl, Essig-Essenz, Sherry , Wasser, Honig, rosa Pfeffer und Salz mit einem Schneebesen verrühren. Die Filets in dünne Scheiben schneiden.

Salatzutaten in eine große Schüssel geben und mit dem Dressing mischen. Entenbrustscheiben darauf anrichten. Mit knusprigem Baguette servieren.

Entenbrust

Warmer Ziegenkäsesalat mit Honig

Zutaten:
4-6 Chicoree
4 kleine, frische Ziegenkäse
Salz, Pfeffer
1 Ei
Mehl, Semmelbrösel
2 Scheiben Toastbrot
2 Scheiben durchwachsener Speck
2 EL Pinienkerne

Für die Soße:
5 EL bestes Olivenöl
1 EL Balsamico-Essig
1 EL grober Senf
1 TL Honig
1 kl. Becher Joghurt
Salz, Pfeffer
Schnittlauch

Chicoree waschen, auseinanderblättern und auf vier Tellern arrangieren. Dabei in der Mitte genügend Platz für den Käse lassen.

Den Ziegenkäse leicht pfeffern und salzen, in Mehl und Ei wenden und mit Semmelbröseln sorgfältig panieren.

Die Toastbrote entrinden und in kleine Würfel schneiden.

Den Speck in Streifen schneiden, zusammen mit den Brotwürfeln in einer Pfanne im 200 Grad heißen Backofen unter gelegentlichem Umrühren goldbraun rösten. Währenddessen die Pinienkerne in einer Pfanne auf dem Herd leicht bräunen.

Die Zutaten für die Soße zusammenrühren. Je nach Säuregrad von Essig und Joghurt durch weitere Zugabe von Honig oder Essig auf den gewünschten Süß-Sauer-Pegel einstellen. Mit Salz und Pfeffer abschmecken.

Panierten Ziegenkäse auf einem Backblech in die oberste Schiene des noch heißen Backofens schieben. Falls vorhanden, Oberhitze oder Grill zuschalten.

Währenddessen die Salatsoße unterrühren, auf dem Herd erwärmen und auf dem inneren Teil der Chicoreerosette verteilen, den Rest in die Tellermitte geben.

Den leicht gebräunten Käse hineinsetzen, die Salatrosette mit Brotwürfeln, Speckstreifen und Pinienkernen bestreuen.

Mit Schnittlauchröllchen dekorieren und sofort servieren.

Kräuter-Honig Tomaten

Tomaten halbieren, das Flüssige aus dem Kernhaus leicht herausdrücken, mit den Schnittflächen nach oben in eine feuerfeste Form setzen, leicht salzen und pfeffern und in die Mitte ein kleines Stückchen Honig geben.

Für die Kräuterfüllung den Knoblauch fein hacken oder durch die Presse drücken. Dann mit den Semmelbröseln, den gehackten Kräutern und einem Eßlöffel Olivenöl vermischen, leicht salzen und pfeffern.

Die Mischung auf den Tomaten verteilen, gut mit Olivenöl beträufeln und bei 160 Grad etwa 20 Minuten garen. Paßt zu gebratenem Fleisch.

Tip zum Grillen: Wie oben vorbereitete Tomaten sorgfältig in Aluminiumfolie verpakken, etwa 15-20 Minuten vor dem Grillen des Fleisches auf den heißen Grillrost legen. Die Kräutermischung bildet dann zwar keine Kruste, schmeckt aber trotzdem vorzüglich.

Zutaten:
8 Tomaten
6-8 Knoblauchzehen
3 EL Semmelbrösel
je 1 EL frische, feingehackte Kräuter z.B.: Petersilie, Thymian und Rosmarin
1 EL kandierter Honig
4-5 EL Olivenöl

Tomatensuppe

Zutaten:
1 Dose Tomaten
500 g frische Tomaten
3 Zwiebeln
4 Knoblauchzehen
3 Nelken
2 Lorbeerblätter
2 TL Thymian
2 TL Oregano
1 TL Basilikum
1 EL Honig
1 Würfel Gemüsebrühe
schwarzer Pfeffer
125 g Schafskäse
1/2 Becher süße Sahne
1/2 Bund Petersilie

Die Zwiebeln und den Knoblauch fein hacken.

Ebenfalls die Kräuter kleinhacken und zu den Zwiebeln und den Kräutern geben.

Die Gemüsebrühe in einem Topf zum Kochen bringen und die Zwiebel-Knoblauch-Kräuter Mischung zugeben.

Bei kleiner Hitze eine Dreiviertelstunde köcheln lassen.

Die frischen Tomaten zerschneiden, pürieren und dazugeben.

Den Schafskäse zerbrökkeln und dann mit der gehackten Petersilie unterrühren.

Vor dem Servieren den Honig und etwas Sahne einrühren und die restliche Petersilie darüberstreuen.

Möhrencremesuppe

Die Möhren und den Lauch in sehr feine Scheiben schneiden.

Eine bis zwei Möhren ungeschnitten zurücklegen. Das übrige Gemüse in dem Fett andünsten und mit der Hälfte der Gemüsebrühe auffüllen.

Fünf Minuten kochen lassen, dann mit dem Pürierstab oder im Mixer pürieren.

Die restliche Gemüsebrühe, Curry, Salz, Honig, und das Vollkornmehl zugeben. Nicht mehr aufkochen lassen!

Als Abschluß die Crème fraîche einrühren und die restlichen Möhren feingerieben zur fertigen Suppe geben.

Zutaten:
600 g Möhren
40 g Butterschmalz
1 l Wasser
2 Gemüsebrühwürfel
1 Stange Lauch
1/2 TL Curry
1/2 TL Kräutersalz
1 TL Honig
1 gestrichener EL frisch gemahlenes Weizenvollkornmehl
150 g Crème fraîche

Knuspriger Rotbarsch auf chinesische Art

Zutaten:
4 kleine Rotbarsche, je ca. 400 g (ausgenommen und geschuppt, ohne Kopf)
50 g frischen Ingwer
4 EL Sherry
8 EL dunkle Soja-Sauce
1 TL Salz
1–1,5 l Pflanzenöl
90 g Stärkepuder
5 g eingeweichte chinesische Pilze
50 g Bambus (Dose)
150 g Ananas in Scheiben (Dose)
150 g Porree
100 g rote Paprika
1 EL Sesamöl
100 g TK-Erbsen
1/4 l Ananassaft
1/4 l Fischfond (Fertigprodukt)
2 EL Surig-Essig-Essenz (25%)
2 – 3 EL Honig
1 TL Sambal Oelek

Den gut gewaschenen und ausgenommenen Fisch mit dem Messer rautenförmig einschneiden.

Den Ingwer schälen und in kleine Stücke schneiden und durch die Knoblauchpresse drücken. Mit Sherry, 4 EL Soja-Sauce und Salz verrühren. Fische darin 20–30 Minuten marinieren, dabei öfter wenden.

Etwas Öl in einer Pfanne erhitzen. Fische in 80 g Stärkepuder wenden, abklopfen und von jeder Seite zirka vier Minuten knusprig brau backen.

Den Fisch herausnehmen und warmstellen. Die Pfanne mit dem Öl einstweilen beiseite stellen.

Die eingeweichten Pilze und den Bambus in Streifen, die Ananas in Stücke schneiden. Porree und Paprika putzen, in feine Streifen schneiden.

Das Sesamöl in einer zweiten Pfanne erhitzen. Nacheinander Porree, Paprika, Pilze, Bambusstreifen und die vorbereiteten Ananasstücke in die Pfanne geben und alles kurz anbraten.

Das übrig gebliebene Stärkepuder mit etwas Ananassaft, dem Fischfond der Essig-Essenz, Zucker, der restlicher Soja-Sauce und Sambal Oelek verrühren.

Mit den inzwischen aufgetauten Erbsen in die Pfanne geben. Alles gut verrühren und einmal aufkochen lassen.

Das Öl in der beiseite gestellten Pfanne noch einmal erhitzen und die Fische nochmals in 1-2 Minuten knusprig backen. Herausnehmen und mit der Sauce servieren.

Dazu paßt natürlich Reis. Als Getränk kann ein trockener nicht zu dezenter Weißwein serviert werden, oder - inzwischen in gutsortierten Warenhäusern erhältlich -ein original chinesisches Bier, gut gekühlt versteht sich.

Zwiebelgemüse mit Lachs

Zwiebeln schälen und in Spalten schneiden. Ingwer dünn schälen und fein würfeln, dann in Butter andünsten. MitRotwein ablöschen. Die Essig-Essenz und die Gewürzzutaten zufügen, 10-15 Minuten dünsten.

Das Lachsfilet in acht Scheiben schneiden. Mit Essig-Essenz beträufeln und salzen.

Den Hummerfond, Weißwein, Salz und weißen Pfeffer in einen Topf geben und aufkochen. Den Lachs darin bei schwacher Hitze ca. 5 Minuten pochieren. Aus dem Sud nehmen, warmstellen.

Den Fond auf 1/3 einkochen lassen. Sahne und Safran zufügen und aufkochen. Butter und Mehl verkneten, damit die Soße binden. Kräftig abschmecken.

Die Zitronenmelisse waschen und trockentupfen. Die Hälfte in feine Streifen schneiden. Restliche Blättchen ganz lassen. Das Gericht mit Soße überziehen und mit fein geschnittener Zitronenmelisse und einigen Blättchen verzieren.

Zutaten:
600 g rote Zwiebeln
20 g frischer Ingwer
50 g Butter
250 ml Rotwein
3 TL Essig-Essenz
2 TL Honig,
Salz, Pfeffer

außerdem:
600 g Lachsfilet
1-2 TL Essig-Essenz
Salz, weißer Pfeffer
400 ml Hummerfond
125 ml trockener Weißwein
125 ml Schlagsahne
1 Tütchen Safran
20 g Butter
20 g Mehl
1/2 Bund Zitronenmelisse

Knusper Forelle

Zutaten:
4 EL Blütenhonig
1 rote Zwiebel
4 harte Birnen
4 EL Butter
6 EL trockener Weißwein
4 EL Zitronensaft
Salz
grober Pfeffer
4 kleine Forellen
1 Bund Petersilie
100 g gemahlene Mandeln

Zwiebeln schälen und in Scheiben schneiden. Birnen waschen, halbieren, Kerngehäuse entfernen und in Spalten schneiden.

Die Hälfte der Butter erhitzen, Zwiebelscheiben und Birnenspalten unter häufigem Wenden etwa zwei Minuten garen.

Mit Wein ablöschen und zugedeckt etwa fünf Minuten dünsten. Einen Eßlöffel Zitronensaft zugeben und mit Salz und Pfeffer würzen.

Forellen kalt abspülen, mit Küchenpapier trockentupfen und mit dem restlichen Zitronensaft beträufeln.

Petersilie waschen, fein hacken, mit Mandeln mischen und mit Salz und Pfeffer würzen.

Honig leicht erwärmen, Forellen damit bepinseln und in der Mandelmischung wenden. Panade andrücken. Restliche Butter erhitzen und Forellen darin von jeder Seite zirka sechs Minunten braten.

Die Forellen mit Birnengemüse auf Tellern anrichten.

Hackbraten mit Honigkruste

Zutaten:
750 g gemischtes Hackfleisch
ein altes Brötchen
4 gehackte Zwiebeln
Salz, Pfeffer
Edelsüßpaprika

Für die Füllung:
250 g Möhren
200 g Champignons
2 EL Honig

außerdem:
5 EL Honig
frischer Pfeffer
2 EL Semmelbrösel
30 g Butter
1 Zitrone
1/2 l Fleischbrühe
3 EL Crème fraîche
Salz, Pfeffer
Edelsüßpaprika

Zutaten für den Hackteig verkneten und abschmecken. Gemüse putzen und waschen. Die Möhren der Länge nach vierteln. Die Champignons halbieren.

Danach die Arbeitsfläche mit Wasser anfeuchten und Klarsichtfolie darauflegen. Fleischteig darauf zu einem Rechteck ausrollen. Gemüse in die Mitte geben. Pfeffern und mit Honig beträufeln. Fleischteig mit Hilfe der Folie aufrollen und rundherum gut zusammendrücken.

Honig mit Pfeffer, Semmelbrösel, flüssiger Butter und Saft einer Zitrone verrühren. Den Hackbraten damit bestreichen. In die gefettete Fettfangschale setzen. Im vorgeheizten Backofen bei etwa 200 Grad (Elektro) oder Stufe 3 (Gas) ca. 50-60 Minuten braten.

Zwischendurch mit Brühe ablöschen. Nach der Bratzeit den Fond mit Brühe auf 3/8 l auffüllen. Crème fraîche zufügen und abschmecken.

Kassler mit Aprikosensauce

Zutaten:
1 kg Kasseler Rippenspeer mit Filet
1/8 l heißes Wasser
3 EL Aprikosennektar
1 EL Honig
Salz, Pfeffer
1 EL Cognac

Für die Sauce:
1 Dose Aprikosenhälften (540 g)
3 EL Sojasauce
1 EL Surig-Essig-Essenz
2-3 EL Honig
Salz, Pfeffer

Kassler kalt abspülen, trockentupfen und in einen Bräter legen. Mit heißem Wasser übergießen und im vorgeheizten Backofen bei 220 Grad etwa 60 Minuten braten.

Den Aprikosen-Nektar mit Honig und Cognac verrühren. 15 Minuten vor Ende der Bratzeit das Kassler wiederholt mit der kalten Marinade dünn bestreichen. Den Braten nach Wunsch abkühlen lassen.

Für die Sauce die Aprikosenhälften mit der Flüssigkeit im Mixer pürieren, dann in einem Topf erhitzen, Sojasauce, Essig-Essenz und Honig unterrühren und mit Salz und Pfeffer abschmecken.

Die Sauce heiß oder kalt zum Braten servieren. Dazu schmeckt Chicoree- und Kartoffelsalat.

Paprika-Bohnengemüse zu Lamm

Zutaten:
1 Dose rote Bohnen (285 g Einwaage)
2 Knoblauchzehen
5 EL Olivenöl
2 EL Honig
4 TL Surig-Essig-Essenz
Salz, Pfeffer
2 rote Paprikaschoten
2 gelbe Paprikaschoten
1 Bund Thymian
75 ml Rotwein

außerdem:
8 Lammkoteletts
1 EL Butterschmalz
Salz, Pfeffer

Die Bohnen in ein Sieb geben und abspülen. Abtropfen lassen. Knoblauchzehen schälen und durchpressen, mit 2 EL Olivenöl, Honig, Essig-Essenz, Salz und Pfeffer verrühren. Die Bohnen darin 5 Stunden marinieren, ab und zu umrühren.

Die Paprikaschoten putzen, waschen und in schmale Streifen schneiden. Den Thymian waschen, trockentupfen und von den Stielen zupfen. Die Paprikaschoten in 3 EL Öl kräftig anschmoren, Thymian und Rotwein zugeben und 5 Minuten dünsten.

Die Bohnen mit der Marinade zu den Paprika geben und das Gemüse 2-3 Minuten im offenen Topf köcheln lassen. Kräftig abschmecken.

Mit der Küchenschere die Fettränder von den Lammkoteletts abschneiden. Koteletts im heißen Butterschmalz von jeder Seite etwa 3 Minuten braten. Mit Salz und Pfeffer würzen.

Die Lammkoteletts mit dem Paprika-Bohnengemüse anrichten. Dazu schmeckt knuspriges Baguette.

Rindfleisch-Curry mit Aprikosen

Zutaten:
400 g Rinderfilet
250 g Zwiebeln
250 g Langkornreis
1 Messerspitze Safranpulver
3 EL Öl
1 - 2 TL Currypulver
1/4 Weißwein (oder Gemüsebrühe)
1 - 2 TL Surig-Essig-Essenz
3/8 l Hühnerbrühe
150 g Möhren
2 eingelegte Ingwerpflaumen
2 EL Honig
200 g reife Aprikosen

Öl im Topf erhitzen und das gewürfelte Fleisch darin anbraten, herausnehmen und beiseite stellen.

Zwiebelstreifen und Reis in dem Bratfett glasig dünsten. Safran, Currypulver, Weißwein (oder Gemüsebrühe), Essig-Essenz, 2/8 l Hühnerbrühe und gewaschene, in feine Streifen geschnittene Möhren zugeben. Alles etwa 15 Minuten bei milder Hitze garen.

Ingwerpflaumen mit der Knoblauchpresse zerdrücken, zusammen mit dem Honig, den gewaschenen, entsteinten und geviertelten Aprikosen und den Fleischwürfeln daruntermischen.

Restliche Hühnerbrühe zugießen und noch weitere 10 Minuten garen.

Lammkeule mit Honig

Zutaten:

1250 kg Lammkeule
Salz, Pfeffer
3 EL Olivenöl
400 g Lammfond
1/4 l Brühe (Instant)
1/4 l Rotwein
1 kg Kartoffeln
375 g Möhren
250 g Staudensellerie
250 g Schalotten

Für die Marinade:

2-3 Knoblauchzehen
Schale einer unbehandelten Zitrone
je 1 TL Thymian und Rosmarin
6 EL Olivenöl
50 g Honig
4 EL Balsamessig
1/8 Rotwein

Für die Honigkruste:

150 g Honig
2 EL Sojasoße
2 EL Rotwein

außerdem:

100 g Crème fraîche
2 EL Soßenbinder

Lammkeule am Vortag waschen, trockentupfen. Für die Marinade Knoblauchzehen pressen. Zitronenschale dünn abschälen. Beides mit den restlichen Marinadezutaten mischen.

Lammkeule in eine große Schüssel geben und die Marinade darübergießen. Im Kühlschrank über Nacht zugedeckt gut durchziehen lassen. Die Lammkeule trockentupfen, würzen und in einen Bräter geben.

Öl dazugeben und bei 160 Grad (Gas Stufe 2-3) etwa 2 Stunden braten. Zwischendurch mit Marinade, Fond, Brühe und Rotwein begießen.

Ebenfalls zwischendurch Kartoffeln schälen, Gemüse putzen. Alles in mundgerechte Stücke schneiden. Nach einer Stunde Bratzeit mit den geschälten Schalotten zur Lammkeule geben.

Für die Kurste Honig, Sojasoße und Rotwein verrühren und 30 Minuten vor Ende der Garzeit die Lammkeule bestreichen. Lammkeule und Gemüse herausnehmen und warmstellen.

Schmorfond durch ein Sieb gießen und mit Brühe oder Rotwein auf 0,5 Liter ergänzen. Aufkochen und mit Crème fraîche und Soßenbinder binden. Abschließend kräftig abschmecken.

Imker-Braten

Zutaten:
8 EL Lindenhonig
750 g Kartoffeln
500 g Äpfel
1 große Zwiebel
1 Knoblauchzehe
Fett für die Form
500 g mageres Lammfleisch in Scheiben
Saft und Schale einer unbehandelten Orange
1/4 l Apfelwein
1/2 TL getrockneter Salbei
Salz
grober Pfeffer

Kartoffeln und Äpfel waschen und schälen. Kartoffeln in feine Scheiben schneiden. Äpfel halbieren, entkernen und in feine Spalten teilen.

Zwiebel und Knoblauchzehe abziehen, Zwiebel in Ringe schneiden und Knoblauchzehe zerdrücken.

Die Hälfte der Kartoffelscheiben in eine gefettete Auflaufform schichten, darauf Fleischscheiben und restliche Kartoffelscheiben schichten.

Mit Apfelspalten und Zwiebelringen bedecken. Orangensaft und -schale mit dem Knoblauch, Apfelwein, Salbei und Honig mischen. Mit Salz und Pfeffer würzen und über den Auflauf gießen.

Im vorgeheizten Backofen bei 150 Grad etwa zwei Stunden garen. Wird die Oberfläche dunkel, mit Alufolie abdecken.

Rehrücken mit Hokaidokürbis

Die Kikkoman Soja-Sauce mit dem geschälten, feingeschnittenen Galanger und dem Honig leicht reduzieren, den Rehfond zufügen und köcheln lassen.

Dabei die Sauce abschäumen und solange köcheln lassen, bis sie andickt.

Dann die Butter einrühren und die Sauce durch ein feines Sieb passieren. Zum Anrichten bereithalten.

Den Kürbis waschen, schälen und in Dreiecke schneiden. Die Kerne entfernen.

Die Kürbisstücke mit Salz, Pfeffer und Zucker würzen und mit etwas Butter in einem geschlossenen Topf dünsten.

Aus Grieß, den Eiern, Olivenöl und einem Teelöffel Salz einen Teig bereiten und kurz ruhen lassen.

Den Teig dünn ausrollen und in Fadennudeln schneiden. Kurz in Wasser kochen und in, mit etwas Salz abgeschmeckter Sahne, schwenken.

Das Rehfilet im Ganzen mit Salz und Pfeffer würzen. Anbraten und 7 Minuten bei 180 Grad im Ofen grillen. Das gare Fleisch in Alufolie wickeln und ruhen lassen.

Die Chilischoten in feine Streifen schneiden und in etwas Olivenöl mit Salz braten, dabei auf einer Gabel in Form drehen.

Anschließend auch die Basilikumblätter in heißem Öl ausbacken und warmhalten.

Aus den Nudeln 12 lange, schmale Nocken drehen. Je drei Nocken im Dreieck auf dem Teller anordnen, mit der Soße umgießen, die Kürbisstücke in die Mitte geben.

Das Reh tranchieren und in der Mitte des Tellers auf dem Kürbis anrichten. Beidseitig Chilistreifen und gebackene Basilikumblätter ansetzen.

Zutaten:

150 ml Rehfond
50 g Galanger
1 EL Wildblütenhonig
50 ml Kikkoman Soja-Sauce
20 g Butter
Salz, frischer Pfeffer
etwas Zucker
500 g Hartweizengrieß
3 große Eier
5 EL Olivenöl
100 ml Sahne
400 g Rehrücken
3 Chilischoten
Basilikum

Hase in Honig-Sauce
(ein Rezept aus Italien)

Zutaten:
1 küchenfertiger Hase
2 Möhren
1 Stück Sellerieknolle
2 Zwiebeln
2 Knoblauchzehen
einige frische Zweige Petersilie, Rosmarin und Thymian
1 Lorbeerblatt
3-5 Wacholderbeeren
2 Nelken
2 Stücke Zimt
1-1,5 l trockener italienischer Rotwein
Salz
80 g Speck
50 g Butterschmalz
1-2 EL Honig (Tannen- oder Waldhonig)
4 cl Cognac oder guter Weinbrand
frisch gemahlener Pfeffer
Soßenbinder oder Crème fraîche

Den Hasen in vier Teile zerteilen. Das Gemüse putzen und in große Stücke schneiden.

Eine Zwiebel und die Knoblauchzehen schälen und grob hacken. Danach die Kräuter waschen.

Fleisch, Gemüse, Kräuter und Gewürze in eine große Schüssel mit Deckel oder einen Topf geben. So viel Rotwein angießen, daß das Fleisch bedeckt ist. Im geschlossenen Topf über Nacht marinieren.

Den Speck in Würfel schneiden. Die zweite Zwiebel schälen und fein hacken.

Das Fleisch aus der Marinade nehmen, mit Haushaltspapier trockentupfen, mit Salz einreiben.

In einem Bräter das Fett erhitzen und das Fleisch rundum anbraten. Die Speckwürfel und die Zwiebel hinzufügen und mitbraten.

Etwas Marinade angießen und das Fleisch darin bei mäßiger Hitze ca. 45 Minuten schmoren lassen. Herausnehmen und warm stellen.

Die Sauce durch ein Sieb geben, den Honig mit dem Cognac verrühren und dazugeben. Mit Salz und frisch gemahlenem Pfeffer abschmecken.

Nach Wunsch mit Soßenbinder oder Crème fraîche etwas eindicken.

Das Fleisch noch einmal in den Topf geben und dort kurz erhitzen.

Dazu passen karamelisierte Zwiebeln, Preiselbeeren und Weißbrot.

Honig

Gefüllte Paprikaschoten

Zutaten:
150 g Naturreis
1 TL Salz
2 EL Olivenöl
100 g durchwachsenen Speck
100 g Zwiebeln
4 große gelbe Paprikaschoten
250 g Auberginen
150 g Champignons
1 Ei
Salz, Pfeffer
500 g rote Paprikaschoten
1 TL Hefe-Gemüsebrühe-Extrakt
2 TL Surig-Essig-Essenz
1-2 TL Honig
20 g Butter

Den Reis genau nach der Packungsanweisung garen, abtropfen lassen.

Die gelben Paprikaschoten längs halbieren, das Kerngehäuse entfernen, putzen, waschen. Die Auberginen und die Champignons ebenfalls putzen, waschen und in feine Würfel schneiden.

Zwiebeln schälen und fein hacken. Zwiebelwürfel in Olivenöl glasig dünsten und zusammen mit den feingehackten Auberginen und Champignons zum Reis geben.

Das Ei unterrühren, salzen und pfeffern. Die gelben Paprikahälften mit der Masse füllen.

Für die Sauce die roten Paprikaschoten putzen, waschen, grob zerkleinern und pürieren. Mit Gemüsebrüheextrakt, Essig-Essenz und Honig würzen.

Eine Auflaufform mit der Butter ausstreichen, die Sauce zugießen und die gefüllten Paprikahälften in die Sauce setzen.

Zugedeckt im vorgeheizten Backofen bei 220 Grad etwa 40 Minuten garen.

Geschmorte Beinscheiben

Beinscheiben waschen, trockentupfen und am Rand einschneiden.

Zwiebeln und Knoblauch schälen. Zwiebeln hacken, Knoblauch durch die Knoblauchpresse drücken, Tomaten durchpassieren. Alle drei Zutaten mit den restlichen Marinadenzutaten verrühren und das Ganze über die Beinscheiben geben. Mindestens 5 Stunden durchziehen lassen. Öfter wenden. Herausnehmen und gut trockentupfen.

In einem Bräter Öl erhitzen und die Beinscheiben darin anbraten. Mit der Marinade ablöschen.

Zugedeckt etwa 1,5 bis 2 Stunden schmoren.

Möhren waschen und putzen. In Streifen schneiden und etwa 15 Minuten mitgaren.

Die Soße eventuell mit Soßenbinder andicken und anschließend abschmecken.

Zutaten:

4 Beinscheiben vom Rind à 300 g
2 Zwiebeln
3 Knoblauchzehen
1 kl. Dose Tomaten
1/4 l trockener Rotwein
1/8 l Sojasoße
10 EL Honig
1 Messerspitze Salz
1 Messerspitze Pfeffer
4 EL Öl
500 g Möhren
Soßenbinder

Festtagsgans

Zutaten:
(für 8 Personen)
150 g flüssiger Waldhonig
eine küchenfertige Gans (etwa 4 kg)
Pfeffer aus der Mühle
Salz
1 TL Majoran
1 TL Beifuß
3 säuerliche Äpfel
2 Zwiebeln
1/2 l Brühe

Gans innen und außen gut abspülen, salzen, pfeffern und mit Majoran und Beifuß würzen.

Äpfel schälen, vierteln, entkernen und in grobe Stücke schneiden. Zwiebeln abziehen und achteln. Gans mit den Zwiebelachteln und Apfelstücken füllen, Öffnung mit Holzspießen zustecken.

Gans mit der Brust nach oben in einen großen Bräter legen, 1/4 Liter Wasser angießen. Bräter auf die mittlere Schiene des auf 160 Grad vorgeheizten Backofens stellen und etwa zwei Stunden braten.

Die Temperatur auf etwa 200 Grad erhöhen, die Gans mit Honig bestreichen und eine weitere Stunde braten. Nochmals mit Honig bestreichen und etwa eine weitere Stunde fertiggaren. Zusätzlich das Bratgut immer wieder reichlich mit dem austretenden Fett begießen.

Flügel und Hals kleinhacken, in dem Bräter anbraten, mit Brühe ablöschen und 30 Minuten köcheln lassen.

Fett abschöpfen, Sauce durch ein Sieb gießen, nach Wunsch mit Crème fraîche verfeinern und mit Gewürzen abschmecken.

Gans tranchieren und mit Füllung und Sauce servieren. Dazu schmeckt Rotkohl.

Rosmarin-Hähnchen mit Honig

Zutaten:
1 großes Hähnchen (etwa 1300 g)
Salz, Pfeffer
2-3 Zweige frischer Rosmarin
3 EL Olivenöl

Marinade:
3 EL grober Senf z.B. Rotisseur-Senf
2 EL Olivenöl
1 EL Honig
1 EL Sojasoße
1 TL frische Rosmarinnadeln

Das Rückgrat des Hähnchens mit einer Geflügel- oder Haushaltsschere herausschneiden. Das Hähnchen mit der Innenseite nach unten flach drücken und von beiden Seiten salzen und pfeffern.

Rosmarinnadeln kleinschneiden und mit den übrigen Zutaten zu einer Marinade verrühren. Die Außenseite des Hähnchens damit bestreichen. In einem großen Bräter oder einer Pfanne Olivenöl erhitzen, Rosmarinzweige hineinlegen und Hähnchen mit der marinierten Haut nach unten darauf betten. Nun die Innenseite ebenfalls mit Marinade bestreichen.

Das Ganze im Backofen bei 200 Grad etwa 20 Minuten braten. Danach wenden und die Oberseite mit der restlichen Marinade nochmals bestreichen. Weitere 30 Minuten braten.

Während der gesamten Bratzeit regelmäßig mit dem heißen Öl und Bratensaft begießen. Droht das Hähnchen gegen Ende der Garzeit zu dunkel zu werden, die Temperatur auf 160 Grad reduzieren. Vor dem Servieren 10 Minuten im abgeschalteten Ofen ruhen lassen.

Putenbrust mit süß-saurer Honigsauce

Zutaten:
125 g Rapshonig
Salz, Pfeffer
Paprikapulver
2 Putenbrüstchen à 300 g
250 g grüne Bandnudeln
2 EL Butter
1 EL Öl
1 Dose Mandarinen (320 g)
1 kleines Glas Perlzwiebeln (320 g)
1 Dose Mais (300 g)
1 rote Paprikaschote
4 EL Pinienkerne

Für die Marinade den Honig mit Salz, Pfeffer und Paprikapulver verrühren und die Putenbrust damit von allen Seiten bepinseln.

Reichlich Salzwasser zum Kochen bringen und die Nudeln darin bißfest garen. Anschließend abgießen, abtropfen lassen, einen Eßlöffel Butter untermischen und warm stellen.

Die restliche Butter und das Öl erhitzen, die Putenbrust von allen Seiten goldbraun braten.

Die Mandarinen, die Perlzwiebeln und den Mais abtropfen lassen, die Paprikaschote halbieren, entkernen, waschen und in Würfel schneiden.

Alles zur Putenbrust geben und etwa zehn Minuten zugedeckt schmoren lassen. Dann die restliche Marinade unterrühren und kurz mit erhitzen.

Die Pinienkerne in einer Pfanne ohne Fett anrösten und über die Nudeln streuen.

Die Putenbrust in Scheiben schneiden, mit den Nudeln auf Tellern anrichten und mit der Sauce übergießen.

Nach Wunsch mit einigen frischen Kräutern garnieren und sofort servieren.

Hähnchenkeule à la catalana

Zutaten:
je 2 rote und grüne Paprikaschoten
100 g Champignons
1 große Zwiebel
2 Knoblauchzehen
8 Hähnchenkeulen
Salz
4-6 EL feines Olivenöl
1/4 l trockener Rotwein
2 cl trockener Sherry
1-2 EL Essig oder Zitronensaft
1-2 EL Honig (z.B. Heidehonig)
Paprika edelsüß
1 Spritzer Tabasco
2 EL geröstete Erdnüsse

Das Gemüse putzen. Die Schoten in Streifen schneiden, die Champignons vierteln. Die Zwiebeln schälen und fein hacken. Den Knoblauch schälen und mit etwas Salz zerdrücken.

Die Hähnchenkeulen mit Salz einreiben. Das Öl in einem Bräter erhitzen und das Fleisch rundherum anbraten. Herausnehmen und beiseite stellen.

Die Zwiebeln und den Knoblauch in den Topf geben und andünsten. Das Gemüse hinzufügen und ebenfalls andünsten.

Den Rotwein und den Sherry angießen, mit Salz, Paprika, Essig, Honig und Tabasco scharf und süßsauer würzen.

Das Fleisch wieder in den Topf geben und zugedeckt 20 Minuten schmoren. Dabei einmal umdrehen und wenn nötig, noch etwas Wasser oder Rotwein angießen.

Vor dem Servieren mit den grob zerkleinerten Erdnüssen bestreuen. Dazu Weißbrot oder Reis reichen.

Gebratene Hähnchenbrust

Die Hähnchenfilets mit Apfelringen und Rosinen nebeneinander in eine flache Schale legen. Weißwein, 1/8 l Wasser, Essig-Essenz, gehackte Zwiebel und zerdrückte Pfefferkörner verrühren.

Das Fleisch und das Obst mit der Marinade begießen und über Nacht zugedeckt im Kühlschrank durchziehen lassen.

Die Fleischstücke und die Apfelringe aus der Marinade nehmen und gut trocken tupfen. Die Marinade durch ein Sieb abgießen und auffangen.

Fett in einer Pfanne erhitzen, die Hähnchenfilets von beiden Seiten darin schön knusprig anbraten dann herausnehmen, salzen und pfeffern.

Die Apfelringe von beiden Seiten nur kurz anbraten dann beiseite stellen. Das Fleisch wieder in die Pfanne geben.

Die Marinade mit dem Honig verrühren und zum Fleisch zugeben. Die Hähnchenfilets zugedeckt für etwa 10 bis 12 Minuten garen. Dann die Apfelringe und die Rosinen zugeben und alles für weitere 5 Minuten weitergaren.

Die Fleischstücke mit den Apfelringen auf den vorgewärmten Tellern anrichten.

Die Sauce mit zuvor angerührtem Stärkepuder binden. Abschließend nochmals mit Salz, Pfeffer und eventuell etwas Honig abschmecken.

Die Sauce über das Fleisch gießen. Schön garniert servieren. Dazu schmeckt körniger Langkornreis mit etwas gehackter Petersilie.

Zutaten:

4 Hähnchenbrustfilets à 150 g (ohne Haut)
100 g getrocknete Apfelringe
50 g Rosinen
1/8 l Weißwein
2 EL Essig-Essenz
1 Zwiebel
5 grob zerdrückte Pfefferkörner
20 g Butterschmalz
Salz, Pfeffer
3 EL Honig
1 TL Stärkepuder

mit fruchtiger Sauce

Marinaden und

Grillsaucen

Bier-Honig-Marinade

Zutaten:
6 Zwiebeln
3/4 l Weinessig
2 EL Waldhonig
3 Lorbeerblätter
15 schwarze Pfefferkörner
1/2 l helles Bier

Die Zwiebeln schälen und in Ringe schneiden. Weinessig und Honig in einen Topf geben und aufkochen lassen.

Lorbeerblätter und zerdrückte Pfefferkörner zugeben, nochmals aufkochen und dann abkühlen lassen.

Zum Schluß das helle Bier unterrühren. Die Marinade eignet sich am besten für eingelegte Fische wie Heringe oder Forellen.

Dafür werden die Fische mit der Marinade übergossen und zwei Tage kühl gestellt.

Aprikosen-Rosinen-Sauce

Zutaten:
70 g getrocknete Aprikosen
1 kleiner Apfel
1 kleine Zwiebel
1 Knoblauchzehe
1 Chilischote
70 g ungeschwefelte Rosinen
4 EL Weinessig
4 EL Wasser
50 g Waldhonig
Salz

Die Aprikosen über Nacht einweichen. Dann in kleine Stücke schneiden. Den Apfel schälen. Das Kerngehäuse entfernen und dann den Apfel in kleine Würfel schneiden.

Die Zwiebel und die Knoblauchzehe schälen und ebenfalls fein hacken. Kleingeschnittene Aprikosen, Apfelstücke, Zwiebelwürfel, Knoblauch, Chilischote und Rosinen in einen Topf geben.

Essig, Wasser, Honig und Salz zugeben, alles aufkochen lassen und zugedeckt bei mittlerer Hitze 20 Minuten garen.

Dann mit dem Pürierstab des elektrischen Handrührgerätes pürieren. Die Sauce kalt stellen. Sie paßt hervorragend zu Geflügel, Lamm und Steaks.

Süß-saure Mango-Marinade

Zutaten:
2 Zwiebeln
1 Knoblauchzehe
1 kleines Stück Ingwer
1/2 TL Koriandersamen
1/2 TL Kreuzkümmel
1/2 TL schwarze Pfefferkörner
1/2 TL ganze Nelken
1/2 TL Curcuma
1 TL Currypulver
1 Prise Salz
100 g Akazienhonig
1/4 l trockener Weißwein
4 EL Mango Chutney

Die Zwiebeln schälen und in Ringe schneiden. Knoblauchzehe schälen und zerdrücken. Ingwer schälen und würfeln, Koriandersamen, Kreuzkümmel, schwarze Pfefferkörner und ganze Nelken im Mörser zerstoßen.

Zwiebelringe, Knoblauch, Ingwer und zerstoßene Gewürze in einer Schüssel gut verrühren.

Die Marinade wird über das einzulegende Fleisch gegossen und 24 Stunden in den Kühlschrank gestellt.

Danach wird des Fleisch gegrillt, die Marinade erhitzt und als Sauce serviert. Die Marinade paßt gut zu Schweinerippchen und Schaschlik.

Pfirsich-Ingwer-Marinade

Zutaten:
1 Dose Pfirsichhälften (470 g Einwaage)
2 Knoblauchzehen
1 kleines Stück Ingwer
1 Pk. Tomatenstücke mit Kräutern (250 g)
4 EL Heidehonig
3 EL Weinessig
Salz,
frisch gemahlener weißer Pfeffer

Die Pfirsiche aus der Dose abtropfen lassen und mit dem Pürierstab des elektrischen Handrührgerätes pürieren.

Knoblauchzehen schälen und zerdrücken. Ingwer schälen und fein hacken. Knoblauch und Ingwer unter das Aprikosenpüree rühren.

Tomatenstücke, Heidehonig, Essig, Salz und Pfeffer unterrühren.

Diese Marinade streicht man auf Fleisch- oder Geflügelscheiben und läßt sie 24 Stunden im Kühlschrank durchziehen.

Die Marinade eignet sich am besten für Lamm, Geflügel, Rind- und Schweinefleisch. Restliche Marinade schmeckt ebensogut als Sauce.

Die Abbildungen der nebenstehenden Rezepte finden Sie auf der vorhergehenden Seite.

1. **Pfirsich-Ingwer-Marinade**
2. **Süß-saure Mango-Marinade**
3. **Aprikosen-Rosinen-Sauce**
4. **Bier-Honig-Marinade**

Französische Honig Sauce

Zutaten:
3 EL Honig
3 EL Olivenöl
1-2 EL Apfel- oder Weinessig
1/2 TL Kräutersenf
frisch gemahlener Pfeffer

Geben Sie alle angegebenen Zutaten in die Rührschüssel eines Mixgerätes.

Den Pfeffer entweder aus einer Pfeffermühle frisch in die Rührschüssel mahlen oder in einem Mörser zuvor die Pfefferkörner grob zerstoßen.

Mixen Sie die Zutaten auf kleiner Stufe eine Minute lang.

Dann können Sie die Soße in einen Behälter gießen und im Kühlschrank aufbewahren.

Verwenden Sie die Soße zusammen mit grünem Salat, kaltem grünen Spargel oder auch knackigem Broccoli.

Orangen-Salat mit Honig-Senf-Vinaigrette

Den Kohl vierteln, dabei den Strunk entfernen. Dann die Kohlblätter in eine große Schüssel legen, mit kochendem Wasser übergießen.

Mit einem großen Teller beschweren, ca. 10 Minuten ziehen lassen.

Eine Orange auspressen. Von den anderen vier Orangen die Schale bis zum Fruchtfleisch abschälen. Zwei Orangen in Scheiben schneiden. Übrige zwei Orangen in Filets teilen und dabei die weißen Trennhäutchen entfernen.

Kohl gut abtropfen lassen und in Stücke schneiden. Orangensaft, Honig, Senf und Pfeffer verrühren, das Öl darunterschlagen.

Orangen und Kohl mischen, dann die Vinaigrette darübergeben und servieren.

Zutaten:
1/2 Kopf Weißkohl (ca. 600 g)
5 unbehandelte Orangen
2-3 EL flüssiger Honig z.B. Akazienhonig
1 EL Dijonsenf
schwarzer Pfeffer
3 EL Haselnußöl

Knoblauch mit eingelegten Tomaten

Zutaten:
500 g Knoblauch
2 kg kleine Tomaten
1 TL schwarze Pfefferkörner
1 TL Koriandersamen
1 TL Kreuzkümmel
1/4 l Weißwein
1-2 EL Essig-Essenz
2 TL Meersalz
4 EL Honig
1 Bund frischer Koriander
500 ml Olivenöl

Den Knoblauch in einzelne Zehen teilen und schälen.

Die Tomaten bei 120 Grad im Backofen etwa 10 Stunden trocknen lassen. Dabei sollte die Backofentür einen Spalt offen stehen, um die Feuchtigkeit nach außen zu leiten.

Die Pfefferkörner, den Koriander und den Kümmel kurz in der Pfanne ohne Fett anrösten.

Danach den Weißwein mit dem Essig, den Pfefferkörnern, dem Honig und 100 ml Wasser zum Kochen bringen.

Den Knoblauch zugeben und für etwa 3 Minuten kochen lassen.

Den Knoblauch und die Gewürze auf einem Sieb gut abtropfen lassen.

Den frischen Koriander mit den getrockneten Tomaten, dem Knoblauch und den Gewürzen in Gläser schichten und mit dem Öl auffüllen.

Die Gläser sofort gut verschließen. Vor dem Servieren mindestens eine Woche ziehen lassen.

Ingwer-Tomaten

Zutaten:
1 kg Tomaten
50 g frische Ingwerwurzeln
100 g Lauchzwiebeln
1/4 l Wasser
8 Gewürznelken
20 Pfefferkörner
5 EL Essig-Essenz
150 g Honig
1/4 TL Salz

Die Tomaten mit kochendem Wasser überbrühen , kalt abschrecken und dann häuten, vierteln und entkernen.

Den Ingwer schälen und in dünne Ringe schneiden.

Die Lauchzwiebeln in Ringe schneiden.

Den Ingwer mit den restlichen Zutaten aufkochen und dickflüssig einkochen lassen.

Die Tomatenstücke und die Zwiebelringe in Gläser füllen und mit dem heißen Ingwersud übergießen. Die Gläser verschließen.

Am nächsten Tag den Sud abgießen, nochmals kurz aufkochen und erneut über die Tomaten gießen.

Die Gläser sofort verschließen und abkühlen lassen. Die Ingwer-Tomaten sind etwa sechs Monate haltbar.

Fenchel-Essig

Zutaten für 0,5 l Essig:
100 ml Surig-Essig-Essenz
200 ml Sherry (medium)
200 ml Wasser
3 EL Honig
5 EL Fenchelsamen

Surig-Essig-Essenz, Sherry, Wasser, Honig und Fenchelsamen in einen Topf geben und einmal aufkochen lassen.

Den Essig abkühlen lassen und in ein verschließbares Gefäß abfüllen. Danach etwa zwei Wochen ziehen lassen.

Den Essig filtern und in ein oder zwei verschließbare Flaschen füllen.

Dieser Essig eignet sich ganz besonders gut für Kartoffel- oder Gemüsesalate.

Haltbarkeit: mindestens 12 Monate.

Erdbeer-Akazien-Frappè

Zutaten:
6 frische Erdbeeren
1/4 l Joghurt
3 EL Akazienhonig
etwas Vanillinzucker

Die Erdbeeren gut abbrausen, abtropfen, halbieren und dabei eventuelle schlechte Stellen großzügig entfernen.

Die vorbereiteten Erdbeeren mit zwei Eßlöffel Akazienhonig vorsichtig mischen und pürieren.

Joghurt mit einem Eßlöffel Akazienhonig gut verrühren, davon die Hälfte in ein Kelchglas füllen.

Die Erdbeeren mit etwas-Vanillinzucker abschmecken und über die Joghurtmasse geben. Mit dem restlichem Joghurt die Lage Erdbeeren übergießen

Obenauf oder den Rand mit zwei halbierten Erdbeeren garnieren. Mit einem Strohhalm servieren.

Zimt-Honig-Bavarois

(ohne Abbildung)

Die Gelatine genau nach der Packungsvorschrift in Wasser einweichen.

Die Sahne steif schlagen und dann langsam den Honig unterrühren (nicht zu stark rühren, sonst fällt die Sahne wieder zusammen). Mit dem Zimt abschmecken.

Die zuvor eingeweichte Gelatine ausdrücken und dann langsam in einem kleinen Topf trocken erhitzen.

Wenn sich die Gelantine aufgelöst hat, diese langsam unter die vorbereitete Sahnemasse ziehen.

In eine leicht vorgekühlte Schüssel füllen und dann im Kühlschrank zu einer festen Masse erstarren lassen.

Für die Sauce die Erdbeeren putzen, gut waschen und anschließend pürieren, nach Geschmack mit Puderzucker süßen. Zum Bavarois reichen.

Zutaten:
6 Blatt weiße Gelatine
1/2 l Schlagsahne
8 EL Akazienhonig
1 Prise Zimt
250 g Erdbeeren
4 EL Puderzucker

Hirsepudding mit Honigsoße

Zutaten:
Für die Kirschen:
900 g Sauerkirschen (frisch oder ungezukkert aus dem Glas)
1/8 l Portwein
2 EL Honig
1 Schuß Kirschlikör
Für den Hirsepudding:
110 g geschälte Hirse
70 g Butter
1/8 l Sahne
1 Vanilleschote
4 Eigelb
4 Eiweiß
25 g Zucker
1 Prise Salz
etwas Butter und Zucker für die Förmchen
Für die Honigsoße:
200 ml Sahne
1-2 EL flüssiger Honig
1 EL Kirschwasser

Portwein mit Honig aufkochen, die Sauerkirschen zugedeckt unter vorsichtigem Rühren 5 Minuten garen. Die Kirschen dürfen nicht zerkochen.

Abkühlen lassen und mit dem Kirschlikör aromatisieren. Vanilleschote längs halbieren, das Mark ausschaben und alles mit der Sahne aufkochen lassen.

Hirse in einem Hacker oder einer Getreidemühle zerkleinern. Butter schmelzen, Hirse einrühren, mit der Vanillesahne ablöschen, gut durchrühren. Vanilleschoten herausnehmen und 2 Eiweiß untermischen, abkühlen lassen. Die Eigelbe einrühren, daß ein cremiger Teig entsteht.

Feuerfeste Förmchen buttern und mit Zucker ausstreuen. 2 Eiweiß mit einer Prise Salz schlagen und den Zucker einrieseln lassen. Den Eischnee vorsichtig unter die Hirsemasse heben.

Die Förmchen füllen und in einen Topf mit feuerfesten Griffen stellen, der bis zur halben Förmchenhöhe heißes Wasser enthält. In den 200 Grad heißen Backofen stellen und etwa 20 Minuten backen.

Für die Honigsoße in die Sahne während des Schlagens den flüssigen Honig in einem dünnen Strahl einlaufen lassen. Schlagen bis eine dickflüssige Soße entsteht. Bei Verwedung eines schwacharomatischen Honigs etwas Kirschwasser zugeben.

Auf einen großen Teller jeweils zur Hälfte die Honigsoße und die Sauerkirschen verteilen. Den warmen Hirsepudding mit einem Messer aus der Form lösen, stürzen und mit der gebräunten Seite nach oben in die Mitte des Tellers setzen. Mit etwas Puderzucker bestäuben und mit Pfefferminzblättern dekorieren.

Quittenschaum mit Zimt-Krokant

Zutaten:
(für 6 Personen)

Für den Quittenschaum:

- **2 Blatt Gelatine**
- **300 g Quitten**
- **300 g Äpfel**
- **1/8 l Wasser**
- **1/2 Vanilleschote**
- **1 Messerspitze Zimt**
- **2 EL Honig**
- **200 ml Schlagsahne**
- **2 EL Fruchtlikör**

Für den Zimt-Krokant:

- **2 EL Zucker**
- **6 EL Haferflocken**
- **2 EL Butter**
- **1 TL Zimt**
- **1 EL Pflanzenöl**

Die Gelatine in kaltem Wasser einweichen. Die Quitten und die Äpfel waschen, schälen, entkernen und in Stücke teilen. Das Wasser und das Obst in einen Kochtopf geben.

Die Vanilleschote der Länge nach aufschneiden und das Mark herausschaben. Dieses zusammen mit dem Zimt hinzufügen und alles bei mittlerer Hitze 20 Minuten köcheln lassen.

Abschließend das Obst pürieren. Gelatine ausdrücken und im heißen Kompott auflösen.

Honig unterrühren und die Fruchtmasse etwas abkühlen lassen. Sahne steif schlagen und den Fruchtlikör unterziehen. Unter das Obst rühren und die Creme auf sechs Dessertschalen verteilen. Den Quittenschaum etwa 2 Stunden im Kühlschrank anziehen lassen.

In der Zwischenzeit Zucker in einer Pfanne karamelisieren. Köllns Echte Kernige zusammen mit Butter sowie Zimt rösten und mit dem aufgelösten Zucker verrühren.

Ein Stück Aluminiumfolie mit etwas Öl bestreichen. Die Röstflockenmasse darauf verstreichen und abkühlen lassen. In Stücke brechen und servieren.

Joghurt-Vanille-Speise

Zutaten:
250 g Naturjoghurt
1 Vanilleschote
1 EL Zitronensaft
1-2 EL Honig
100 g Sahne
4 Blatt weiße Gelatine
2 TL Kakaopulver

Die Gelatine in so viel kaltem Wasser einweichen, daß sie ganz bedeckt ist.

Den Joghurt mit dem Zitronensaft, dem Honig und dem Mark der Vanilleschote glattrühren.

Die Gelatine ausdrücken und in etwas warmem Wasser auflösen, nicht kochen lassen!

Die aufgelöste Gelatine in den Joghurt rühren. Die Sahne steif schlagen und vorsichtig unter die Joghurtspeise heben.

Das Dessert mindestens drei Stunden in den Kühlschrank stellen.

Zum Servieren mit einem Löffel von der Speise große Nocken abstechen und auf den Tellern anrichten, mit etwas Kakaopulver bestreuen. Paßt gut zu Beeren, frischem oder eingemachtem Obst.

Köllnflocken-Parfait

Für den Haferkrokant Butter in einer Pfanne schmelzen, Köllns Kernige und den braunen Zucker hinzufügen und goldbraun rösten.

Eigelb in einer Schüssel schaumig schlagen. Honig, Rum, Zitronensaft, Salz, den Mark einer 1/2 Vanilleschote zugeben und im heißen Wasserbad zu einer cremigen Masse schlagen.

Anschließend die Masse im kalten Wasserbad weiterschlagen, bis sie durchgekühlt ist. 1/3 des abgekühlten Haferkrokants im Mixer fein mahlen und unter die Masse ziehen.

Sahne steifschlagen, den restlichen Haferkrokant grob zerstoßen und beides unter die Eimasse heben. Haferflockenparfait in eine Form geben und ungefähr 2 Stunden im Gefriergerät frieren lassen.

Dazu paßt eine fruchtige Erdbeer- oder Johannisbeersauce.

Zutaten:
(für 4 Personen)
50 g Butter
120 g Köllns Kernige
80 g brauner Zucker
6 Eigelb
50 g Honig
2 EL Rum
Spritzer Zitronensaft
1 Msp. Jodsalz
1/2 Vanilleschote
250 g Schlagsahne

Banane al forno

Zutaten:
4 mittelgroße reife Bananen
3 EL Honig
100 g Mandelblättchen
20 g Butter
8-10 EL Tomaten-Ketchup
2 Knoblauchzehen
1 mittelgroße Zwiebel
einige Blätter Salbei (eventuell auch Estragon, Basilikum oder Zitronenmelisse)
Salz, grob gestoßener Pfeffer

Die Bananen schälen, dann längs halbieren und mit Honig bestreichen. Die so vorbereiteten Bananen in eine feuerfeste flache Form geben.

Die Mandelblättchen in einer Pfanne ohne Fett goldbraun rösten und über die Bananen streuen.

Die Butter in kleinen Flöckchen zu den Bananen in die Form geben, die Hälfte der kleingeschnittenen Salbeiblättchen darüberstreuen, etwa 10 Minuten bei mittlerer Hitze im Backofen backen.

Den Tomaten-Ketchup, den ausgepreßten Knoblauch, die gehackte Zwiebel und den restlichen Salbei (eventuell die anderen Kräuter verwenden) zu einer Sauce verrühren.

Mit Salz und grob gestoßenem Pfeffer abschmecken. Separat zu den Honig-Mandel-Bananen reichen.

Bananen-Apfelauflauf mit Nußstreusel

Zutaten:
4 reife Bananen
2 EL Blütenhonig
100 g Dinkel
5 EL grober Maisgrieß
6 EL gehackte Haselnüsse
1 TL gemahlene Vanille
abgeriebene Schale einer Zitrone
8 EL flüssige Butter
400 g säuerliche Äpfel
2 EL gehobelte Haselnüsse

Den Dinkel und den Mais fein mahlen. Die gehackten Haselnüsse und die Zitronenschale dazugeben und vermischen.

Die flüssige Butter und den Honig darüberträufeln, dabei geleichzeitig mit dem Knethaken zu einer krümmeligen Masse verarbeiten.

Die Äpfel mit der Schale grob raspeln und unter die Masse mischen. Die Bananen in Scheiben schneiden und untermengen.

Die Masse in eine gefettete Auflaufform geben und die gehobelten Nüsse darüberstreuen.

Im vorgeheizten Backofen bei 200 Grad etwa 30-40 Minuten backen, warm servieren.

Honig-Eisparfait

Zutaten:
(für 6 Personen)
4 Eigelb
250 g Tannen- oder Waldhonig
30 g Mandel- oder Nußlikör
400 g Sahne

Für die Vanillesoße:
1/4 l Milch
1/8 l Sahne
3 Eigelb
100 g Zucker
1/3 Vanilleschote oder
1/2 Päckchen Vanillezucker

Zum Anrichten:
Himbeer- oder Erdbeermark
einige Minzeblättchen

Eigelb mit Honig schaumig schlagen, Likör unterziehen. Sahne steif schlagen, mit übriger Masse gut verrühren und in 6 Förmchen füllen (Gefrierdauer mindestens 8 Stunden).

Für die Vanillesoße Eigelb mit Zucker schaumig schlagen. Milch und Sahne mit der aufgeschnittenen Vanilleschote aufkochen lassen. Vanilleschote zur Seite legen. Kochende Flüssigkeit unter ständigem Rühren langsam in die Eigelbmasse geben. Alles nochmals auf dem Herd kurz aufwallen lassen (nicht kochen!). Das Innere der Vanilleschote mit einem Teelöffel ausschaben und gleich unter die abgekühlte Soße rühren.

Zum Anrichten des Desserts jeweils 5-6 Eßlöffel Vanillesoße gleichmäßig auf einen Teller verteilen. Aus Himbeer- oder Erdbeermark etwa pfenniggroße, Punkte auf dem Rand der Vanillesoße einlassen. Mit Zahnstocher einen Kreis durch alle Punkte ziehen, so daß kleine Herzen entstehen.

Die Förmchen mit dem Eis mit der Öffnung nach unten auf die gespreizten Finger einer Hand stellen und 2-3 Sekunden heißes Wasser über das Förmchen laufen lassen. Mit der anderen Hand auf das Förmchen klopfen, bis sich die kleine Eisbombe löst. Das Eis vorsichtig auf den dekorierten Teller setzen.

Honig Nougat

Die Mandelblättchen und die Pinienkerne in einer Pfanne leicht rösten und sofort in einer Schale abkühlen lassen.

Den Honig unter ständigem Rühren auf dem Herd bei mittlerer Hitze zum Kochen bringen, von der Herdplatte nehmen.

Das Eiweiß steif schlagen, unter den Honig ziehen und solange erhitzen, bis die Masse zäh wird (Zuckerthermometer bei 120 Grad).

Dann die Mandelblättchen, die Pinienkerne und die Pistazien unterziehen.

Die Masse auf zwei Oblaten etwas ausstreichen, jeweils mit einer zweiten Oblate bedekken und andrücken. Die Oblaten mit einem Brettchen bedecken, beschweren und das Konfekt eine Stunde trocknen lassen.

Mit einem großen, glatten Messer Quadrate von ca. 3 x 3 cm schneiden.

Zutaten:

140g Mandelblättchen
70 g Pinienkerne
330 g Kleehonig
2 Eiweiß
70g gehackte Pistazien
4 Oblaten
(12,2 x 20,2 cm)

Gebackene Apfelringe mit Honig-Mandel-Sauce

Zutaten:
200 g Lindenhonig
250 g Mehl
1/4 l Weißwein
2 Eigelb
Salz
2 Eiweiß
3 Äpfel
Pflanzenfett zum Ausbacken
3 EL Mandelstifte

Mehl, Wein, Eigelb und Salz glattrühren. Eiweiß schaumig schlagen und unterziehen.

Die Äpfel schälen, halbieren und das Kerngehäuse ausstechen. Danach die Apfelhälften in Scheiben schneiden.

Die Apfelscheiben in den Teig tauchen und in heißem Fett goldbraun ausbacken. Aus der Pfanne nehmen, abtropfen lassen.

Die Mandelstifte ohne Fett anrösten, Die Temperatur verringern und den Honig zugeben. Diesen bei geringer Hitze zerlassen und zu einer glatten Masse verrühren.

Die Gebackenen Apfelscheiben anrichten und die Honigsauce darüber verteilen. Mit Zitronenmelisse garniert, warm servieren.

Rhabarber-Pfannkuchen mit Honig

Rhabarber putzen, eventuell schälen, waschen und in feine Scheiben schneiden (oder Äpfel waschen, halbieren, entkernen und grob reiben).

Aus Mehl, Salz, Eiern, einem Eßlöffel Rapshonig und Milch einen glatten Teig rühren. Rhabarberstücke (oder Apfelraspel) unterheben.

Etwas Fett in einer Pfanne erhitzen und nacheinander kleine Pfannkuchen ausbacken.

Restlicher Honig vorsichtig erwärmen, die Pfannkuchen damit beträufeln und sofort servieren.

Zutaten:
150 g Rapshonig
250 g Rhabarber oder säuerliche Äpfel
250 g Mehl
1 Prise Salz
3 Eier
3/8 bis 1/2 l Milch
Fett zum Braten

Gefüllte Honig Crêpes

Zutaten:

Für die Soße:
400 g frische Aprikosen
40 g Honig
z.B. Kleehonig
1 EL Slibowitz
(Aprikosenschnaps)
1 Prise gemahlener
Anis

Für den Teig:
60 g Mehl
1 Prise Salz
1/8 l halb Milch,
halb Wasser
2 Eier
1 Eigelb
60 g Butterschmalz
zum Backen

Für die Füllung:
120 g Honig
4 Kugeln Vanilleeis
4 Kugeln Erdbeereis
8 Erdbeeren

Für die Soße die Aprikosen mit kochendem Wasser übergießen, kalt abschrecken und abziehen. Danach halbieren, entsteinen und pürieren. Mit Honig und Slibowitz mischen. Mit Anis abschmecken. Kaltstellen.

Mehl und Salz in einer Schüssel mischen. Milch und das Wasser unterrühren. Eier und Eigelb untermischen. Abschmecken und eine Stunde ziehen lassen.

Jeweils ein Stück Butterschmalz in einer Pfanne von 15 cm Durchmesser erhitzen. Nacheinander acht dünne Crêpes backen. Vor dem Einfüllen immer den Teig umrühren, weil sich das Mehl absetzt.

Die Crêpes aufeinandergelegen und im vorgeheizten Backofen warmhalten.

Zum Füllen die Crêpes mit Honig bestreichen. Je zwei auf einem Teller anrichten. Je eine Kugel Vanille- und Erdbeereis und zwei halbierte Erdbeeren anlegen. Eis mit dem restlichen Honig beträufeln. Die Soße dekorativ angießen.

Bananensalat mit Zimt-Joghurt

Die Bananen schälen und in Stücke schneiden. Die Orangen dick abschälen, von allen weißen Schalenresten gut säubern. Erst in Scheiben schneiden, dann vierteln.

Den Orangensaft mit dem Honig verrühren und über die Früchte gießen.

Den Joghurt mit Zimt und Zucker schaumig schlagen und zu dem Bananensalat servieren.

Mit Corn-Flakes oder Pistazien bestreuen, einige Blättchen Zitronenmelisse darüberstreuen und so servieren.

Zutaten:
4 Bananen
2 Orangen
150 ml Orangensaft
1 EL flüssiger Honig
300 g Sahnejoghurt
1 EL Vanillezucker
1 TL Zimt
4 EL Corn-Flakes oder gehackte Pistazien
einge Blättchen Zitronenmelisse

Gewürze
Zucker

Backen mit Honig

Gefüllter Honigkuchen

Zutaten für 24 Stücke:
Für den Teig:
375 g flüssiger Honig
75 g Butter
150 g Zucker
600–700 g Weizenmehl
1 Päckchen Backpulver
100 g gehackte Mandeln
1 EL Zimt
1 TL gemahlene Muskatnuß
1 TL gemahlener Sternanis
1/2 TL gemahlener Kardamon
1/2 TL gemahlene Nelken
1/2 TL gemahlener Ingwer
1/2 TL gemahlene Pomeranzenschale oder insgesamt ein Pkch. Lebkuchengewürz
2 Eier
Für die Füllung:
200 g getrocknete Aprikosen
250 g getrocknete Backpflaumen
100 g Rosinen
200 ml Rum
1 unbehandelte Zitrone
200 g Marzipan-Rohmasse
außerdem:
Fett fürs Backblech
Mehl zum Ausrollen
Klarsichtfolie
Für den Guß:
150 g Zucker
6 EL Wasser

Für die Füllung Aprikosen, Backpflaumen und Rosinen waschen und abtropfen lassen. Aprikosen und Backpflaumen sehr fein würfeln. Mit Rum übergießen und zugedeckt 2-3 Stunden ziehen lassen. Zitronenschale abreiben und beiseite stellen. Zitrone auspressen.

Für den Teig Honig, Fett und Zucker erwärmen und rühren, bis der Zucker gelöst ist. Lauwarm abkühlen lassen. Mehl mit Backpulver, Mandeln und Gewürzzutaten (Zitronenschale nicht vergessen) mischen. Honigmasse und Eier zufügen und alles mit den Knethaken des Handrührgerätes zu einem Teig verarbeiten. Er ist sehr weich!

Marzipan-Rohmasse zerbröckeln, mit einer Gabel leicht zerdrücken und mit dem Zitronensaft (ca. 6 EL) geschmeidig rühren. Mit den eingeweichten Trockenfrüchten vermischen.

Die Hälfte Teig auf ein gefettetes Blech geben. Mit Mehl bestäuben und vorsichtig ausrollen, dabei zwischendurch eventuell wieder mit Mehl bestäuben. Die Füllung darauf verstreichen.

Unter den restlichen Teig 75-100 g Mehl arbeiten, bis er geschmeidig ist und sich gut ausrollen läßt. Teig zwischen mit Mehl bestäubter Folie in Blechgröße ausrollen. Obere Folie abziehen und mit Hilfe der unteren Folie auf die Füllung stürzen.

Eventuell mit bemehlten Händen etwas zurecht- und andrücken. Teigdecke mit etwas Wasser bestreichen, damit das Mehl einzieht. Im vorgeheizten Backofen (Elektro-Herd 200 Grad, Umluft 175 Grad, Gas-Herd Stufe 3) mittlere Schiene, ca. 25 Minuten backen.

Für den Guß, Zucker und Wasser aufkochen, bis der Zucker sich gelöst hat. Bei schwacher Hitze etwa 5 Minuten einkochen lassen, bis der Zucker dickflüssig wird. Dann sofort auf den fertigen, heißen Honigkuchen streichen (der Guß wird erst beim Trocknen weiß.)

Den heißen Lebkuchen in Stücke schneiden und nach Belieben verzieren. Auf einem Kuchenrost auskühlen lassen und am besten in Blechdosen – zwischen Pergamentpapier – aufbewahren.

Tips: Den Honigkuchen am besten einige Wochen vorher backen, damit sich das Aroma besser entfaltet. Ein mit Rum getränktes Tuch zwischen Gebäck und Deckel verhindert das Austrocknen in der Dose. Noch aromatischer schmeckt der Honigkuchen, wenn Sie ein Päckchen oder 100 g Rum-Rosinen verwenden. Dann die angegebene Menge Rum zum Einweichen der Früchte auf 1/8 l reduzieren.

Honig

Bananen-Nuß-Brot

Haselnußkerne in trockener Stielpfanne goldgelb bis hellbraun rösten, dann herausnehmen und abkühlen lassen.

Bananen schälen und mit einer Gabel zu Mus zerdrücken. Butter in einer Stielpfanne erhitzen, das Bananenmus darin kurz anschwitzen. Zur Seite ziehen und erkalten lassen.

Den Honig und das Eigelb mit dem Rührbesen des Handrührgerätes schaumig schlagen.

Milch, Vanilleschotenmark und Bananenmus hinzufügen und gut vermengen.

Das gemahlene Weizenmehl, das Backpulver, sowie das Diätsalz und die Haselnußkerne nach und nach mit dem Knethaken des Handrührgerätes unterheben.

Eiweiß zu sehr steifem Schnee schlagen und vorsichtig unterziehen.

Eine Kastenform (30 cm lang) gründlich mit Fett ausstreichen, die Masse einfüllen, glattstreichen und das Bananen-Nuß-Brot im vorgeheizten Backofen bei 180 Grad etwa 60 bis 75 Minuten backen.

Zutaten:
(für 16 Scheiben)

1 Beutel gehobelte Haselnußkerne (100g)
3 mittelgroße Bananen
30 g Butter
200 g Bienenhonig
2 Eier
3 EL Milch
1 Vanilleschote
250 g frisch gemahlenes Weizenmehl
1 TL Backpulver
1 Prise Diätsalz (Kaliumsalz)

außerdem:
Fett zum Bestreichen der Form

Sesam-Plätzchen

Das Sesam ohne Fett goldgelb rösten, vom Feuer nehmen und abkühlen lassen.

Mehl, Zimt, Nelkenpulver, Vanillemark und Sesam mischen und auf eine Arbeitsfläche geben.

Honig darübergießen, Butter in Flöckchen darauf verteilen und alles zu einem glatten Teig verkneten.

In Frischhaltefolie verpackt etwa eine Stunde kalt stellen.

Aus dem Teig kleine Kugeln formen, auf ein mit Backpapier ausgelegtes Backblech setzen und in die Mitte eine Haselnuß drücken.

Die Sesamplätzchen im vorgeheizten Backofen bei 200 Grad (Gas Stufe 3) etwa acht Minuten backen.

Zutaten:
(für etwa 35 Stück)

100 g flüssiger Waldhonig
100 g Sesam
175 g Weizen-Vollkornmehl
1 TL Zimt
1 Prise Nelkenpulver
Mark einer Vanilleschote
175 g Butter
1 Eiweiß zum Bestreichen
Haselnußkerne

Honigkuchen

Zutaten:
40 g Rosinen
25 g Orangeat
25 g Zitronat
200 g Mehl
3 Eier, getrennt
50 g Butter
60 g Zucker
Schale einer unbehandelten Zitrone
200 g Honig
1/2 Tasse starker Kaffee (4 TL Pulverkaffee)
150 g Köllnflocken
1 Pk. Backpulver
1/4 TL Zimt
1/4 TL Piment
1 Prise Nelken
1 Prise Salz
100 g Mandelkerne
100 g Belegkirschen

Rosinen, Orangeat und Zitronat in eine Tasse geben, mit einem Teelöffel Mehl bestäuben und vermischen.

Butter, Zucker und Eigelb schaumig rühren. Dann Zitronenschale, Honig und Kaffee unter ständigem Rühren zufügen. Das restliche Mehl, Köllnflocken, Backpulver, Zimt, Piment, Nelken und Salz vermengen und nach und nach dazurühren.

Eiweiß steif schlagen und zusammen mit der Rosinen-Orangeat-Zitronat-Mischung unter den Teig heben.

Ein tiefes Backblech gut einfetten und mit Köllnflocken ausstreuen. Den Teig einfüllen, glattstreichen und mit abgezogenen Mandeln und Belegkirschen belegen.

Im vorgeheizten Backofen auf der mittleren Einschubleiste bei 190 Grad etwa 40 Minuten backen. Nach dem Abkühlen in Stücke schneiden und in einer Dose aufbewahren.

Honigkuchen auf dem Blech

Zutaten:
Für den Teig:
300 g Honig
150 g Zucker
150 g Margarine
2 Eier
500 g Mehl
1/2 TL Salz
je 1/2 TL gemahlene Nelken, Piment und Kardamon
1 TL Zimt
1 TL Orangen-Aroma
10 g Hirschhornsalz
2 EL Wasser
80 g gehackte Nüsse

Zum Verzieren:
1 Eigelb
1-2 TL Milch
40 g Mandelstifte
100 g Belegkirschen
100 g Zitronat

Honig, Zucker und Margarine in einem Topf erwärmen. Dann in eine Schüssel gießen und abkühlen lassen. Die Eier nacheinander unterrühren.

Mehl, Salz und Gewürzzutaten mischen. Hirschhornsalz in Wasser auflösen. Mehlgemisch und Hirschhornsalz im Wechsel unterrühren und das letzte Mehl mit den gehackten Nüssen unterkneten. Den Teig auf ein gefettetes Backblech geben und mit einem Teigschaber verteilen.

Eigelb und Milch verrühren und auf den Teig streichen. Mit Mandeln, halbierten Belegkirschen und Zitronat bestreuen.

Bei 175 Grad (Elektro-Herd) oder Stufe 2 (Gas) auf der mittleren Schiene 20-25 Minuten backen.

Herausnehmen und auf dem Blech erkalten lassen. Dann in Stücke schneiden und in eine Dose legen.

Birnenstrudel mit Röstflocken

Zutaten:
(etwa 15 Stück)
150 g Weizenmehl (Type 550)
100 g Kölln Instant Flocken
1 Prise Jodsalz
1/8 l lauwarmes Wasser
3 EL Pflanzenöl
100 g Köllns Echte Kernige
30 g Butter
60 g Zucker
20 g gehackte Mandeln
1,5 kg Birnen
3 EL Zitronensaft
100 g getrocknete Aprikosen
50 g Rosinen
4 EL Honig
4 EL Schlagsahne
50 g Butter

Das Mehl, die Kölln Instant Flocken, Salz, Wasser und das Öl in eine Schüssel geben. Alles zu einem geschmeidigen, glatten Teig verkneten. Daraus eine Kugel formen und diese in Folie eingewickelt etwa eine Stunde ruhen lassen.

Währenddessen für die Füllung Köllns Echte Kernige in etwas Butter leicht anrösten. Den Zucker sowie die Mandeln hinzufügen und diese Masse unter ständigem Rühren bei mittlerer Hitze weiterrösten, bis sie goldbraun ist.

Die Röstflocken auf einem gefetteten Backblech abkühlen lassen.

Die Birnen waschen, schälen, halbieren und vom Kerngehäuse befreien. Das Fruchtfleisch kleinschneiden und mit etwas Zitronensaft beträufeln.

Die Aprikosen würfeln und mit den vorbereiteten Birnenstücken, den Rosinen sowie den abgekühlten Röstflocken vermischen.

Den Teig auf einem leicht bemehlten Geschirrtuch zu einem Rechteck von rund 40 x 50 cm ausrollen. Den Honig und die Schlagsahne verrühren und den Teig damit bepinseln.

Die vorbereitete Füllung gleichmäßig auf dem Strudelteig verteilen und dabei einen Rand von etwa 5 cm freilassen.

Die Ränder über die Füllung schlagen leicht andrücken und dann den Strudelteig mit Hilfe des Geschirrtuches vorsichtig aufrollen.

Den Teig mit der Nahtstelle nach unten auf ein gut gefettetes Bacblech setzen und auf der mittlerer Einschubleiste des Ofens backen.

Etwas Butter bei geringer Hitze zerlassen und den Strudel beim Backen nochmals damit bestreichen.

Der Birnenstrudel wird mit Ober- und Unterhitze bei 200 Grad gebacken, bei Umluft mit 175 Grad. Die Backzeit beträgt dabei etwa 45 Minuten.

Griechische Honig

Aus Mehl, Salz, Vanillinzucker, Honig, dem Ei und dem zerlassenen aber nicht heißen Fett mit dem Knethaken einen Teig zubereiten. In Butterbrotpapier einwickeln und etwa 30 Minuten in den Kühlschrank stellen.

Eine Tortenform (Durchmesser 26 cm) einfetten. Den Ofen auf 180 Grad vorheizen. Den Teig zu einer Platte ausrollen und auf die Form legen, dabei an den Seiten etwas hochziehen.

Die Datteln in feine Streifen schneiden. Zusammen mit dem Quark, Öl, Honig, Sahne, Eigelb und Puddingpulver in eine Rührschüssel geben und alles gut verrühren.

Das Eiweiß steif schlagen und unterheben. Die Masse auf den Teigboden geben, glatt streichen und auf der untersten Schiene etwa 50 Minuten backen.

Während des Backvorgangs den Ofen nicht öffnen. Nach Ablauf der Backzeit die Torte herausnehmen, etwas abkühlen lassen und gleich aus der Form lösen.

Zutaten:
(für 12 Stücke)

250 g Weizenmehl
1 Prise Salz
1 Pk. Vanillinzucker
2 EL Akazienhonig
1 Ei
125 g Butter
75 g entkernte Datteln
500 g griechischer Ziegenmilchquark (oder Magerquark)
6 EL geschmacksneutrales Öl
6 EL flüssiger Honig
5 EL saure Sahne
3 Eigelb
3 Eiweiß
1 Pk. Vanillepuddingpulver
Öl zum Einfetten

Quarktorte mit Datteln

Sunflower-Dream-Riegel

Zutaten:
(30 Riegel)

Für den Lebkuchenteig:
350 g Honig
100 g Zucker
100 g Butter
1 Ei
abgeriebene Schale einer unbehandelten Zitrone
1 EL Kakaopulver
10 g Lebkuchengewürz
1/2 TL Pottasche
1/2 TL Hirschhornsalz
1 EL Wasser
500 g Mehl

Für die Füllung:
300 g Zucker
150 ml Sahne
150 g Marzipanrohmasse
500 g Sonnenblumenkerne

Für den Mürbeteig:
100 g Zucker
200 g Butter
300 g Mehl
1 Ei

Für den Belag:
250 g Marzipanrohmasse
abgeriebene Schale einer unbehandelten Orange
1-2 EL Orangenlikör
400 g Kuvertüre

Für den Lebkuchenteig:

Honig, Zucker und Butter bei mittlerer Hitze unter Rühren erwärmen, bis sich der Zucker völlig aufgelöst hat, dann auf Handwärme abkühlen lassen.

Das Ei, Zitronenschale, Kakao und Lebkuchengewürz hinzufügen. Pottasche und Hirschhornsalz im Wasser auflöen und zusammen mit dem Mehl unterrühren.

Den Teig auf ein gut eingefettetes und bemehltes Blech (40 x 30 cm) geben und dann bei 180 Grad 15 Minuten backen.

Für den Mürbeteig:

Alle Zutaten gut miteinander verkneten, anschließend kaltstellen.

Für die Füllung:

Vom Zucker 180 g in einer großen Pfanne schmelzen lassen, dann 100 ml Sahne unterrühren.

In einer Schüssel die Marzipanrohmasse mit der restlichen Sahne und den übrigen 120 g Zucker vermengen und unter die Karamelmasse mengen.

Zuletzt die Sonnenblumenkerne unterheben. Die Masse auf den erkalteten Lebkuchenteig auftragen.

Den Mürbeteig dünn ausrollen und die abgekühlte Karamelmasse damit abdecken.

Für den Belag:

Die Marzipanrohmasse mit der Orangenschale und dem Likör verkneten, in zehn Stücke teilen.

Daraus Streifen rollen und längs auf dem Mürbeteig verteilen, etwas antrocknen lassen.

Den Backofen auf 220 Grad vorheizen, das Blech auf der mittleren Schiene etwa 18 Minuten backen.

Nach dem Auskühlen das Ganze längs in 10 Stücke und quer in 3 Riegel schneiden.

Zum Schluß die Riegel mit im Wasserbad aufgelöster Kuvertüre überziehen.

Honigwaffeln mit Vollkorn

Zutaten:
200 g Dinkelmehl (Vollkorn fein gemahlen)
2 Eier
25 g Butter
1/4 l Vollmilch
1/2 Päckchen Backpulver
3 EL Honig
80 g Mandelstifte
1 EL Rum

Das fein gemahlene Dinkelmehl, die Eier, die zerlassene Butter, die Milch, das Backpulver, den Honig und den Rum zu einem Teig glattrühren.

Unter diesen Teig die bereitgestellten Mandelstifte unterheben.

Das Waffeleisen vorheizen, leicht einfetten und den Teig einfüllen und darin goldbraun ausbacken.

Sobald es den ersten einheimischen Rhabarber gibt, läßt sich daraus ein honiggesüßtes Kompott bereiten, das sehr gut zu den Honigwaffeln schmeckt.

Tarte Tatin – Gestürzter Apfelkuchen

Zutaten:
Für den Teig:
150 g Mehl
100 g Butter
50 g Zucker
1 Eigelb

Für den Belag:
5 gleich große, feste, säuerliche Äpfel
1 Zitrone
1/2 Gläschen Calvados oder Apfelschnaps
100 g Butter
100 g Honig

...und eine Backform Durchmesser 25 cm mit der auch auf der Herdplatte gekocht werden kann, z.B. eine flache Kasserolle oder Pfanne mit hitzebeständigen oder abnehmbaren Griffen.

Alle Zutaten zu einem Teig kneten. In Folie verpackt im Kühlschrank 1/2 Stunde ruhen lassen.

Äpfel schälen, vierteln und des Kernhaus entfernen. In einer Schüssel mit Zitronensaft beträufeln. Den Schnaps zugeben und etwas ziehen lassen.

In der Form Butter und Honig erhitzen, dabei glattrühren. Vom Herd nehmen, die Apfelstücke mit der Rundung nach unten dicht in die Masse setzen. Kurz zugedeckt köcheln lassen. Von der Herdplatte nehmen.

Den Teig 5 mm dick auf Frischhaltefolie ausrollen und die Form damit dicht verschließen, Folie wieder abziehen. Den Teig rasch verarbeiten, da er schnell weich und instabil wird. Keine Angst, wenn die Oberfläche nicht schön wird, der Deckel wird zum Boden.

Bei 200 Grad (Umluft 180 Grad) für 40 Minuten backen. Stürzen und warm servieren.

HONIG

Mandel-Honig-Torte

Zutaten:
(für 12 Stück)
200 g Weizenmehl
1 Prise Salz
100 g zerlassene Butter
3 EL Akazienhonig
2-3 EL Wasser
Öl zum Einfetten

Für die Füllung:
4 Eigelb
3 EL Akazienhonig
100 g Zucker
1 EL Speisestärke
2 cl Amaretto
300 g gemahlene Mandeln
4 Eiweiß

Zum Verzieren:
80 g geschälte Mandeln

Aus dem Mehl, dem Salz, der flüssigen Butter und dem Wasser einen Mürbeteig rühren und 30 Minuten ruhen lassen.

Den Backofen auf 200 Grad vorheizen. Den Teig ausrollen und in die gefettete Springform (Durchmesser 26 cm) geben.

Mit der flachen Hand auf dem Boden der Form verteilen, dabei an den Seiten etwas hochziehen. Den oberen Rand mit einem Holzlöffel dicht nebeneinander wellenartig eindrücken.

Den Boden mit der Gabel mehrmals einstechen, nicht zu dick mit Konfitüre bestreichen.

Für die Füllung Eigelb, Honig, Zucker, Speisestärke, Amaretto und gemahlene Mandeln mischen.

Das Eiweiß steif schlagen und unterheben. Auf den Teigboden geben und glattstreichen.

Am Rand strahlenförmig Mandeln um eine halbierte glasierte Kirsche leben, so daß eine „Blume" entsteht. In der Mitte noch einen Mandelkranz legen.

Im vorgeheizten Backofen bei 200 Grad etwa 50-60 Minuten backen. Die letzten 15 Minuten Pergamentpapier über den Kuchen legen.

Tannenbäumchen

Zutaten für 10 Stück:
Für den Teig:
200 g Waldhonig
100 g Zucker, etwas Salz
3 EL Butter
1 EL Wasser
1 Ei
1 gestr. TL Zimt
2 Tr. Bittermandelöl
500 g Mehl
1 Pk. Backpulver
Zum Verzieren:
2 EL Waldhonig
2 Eiweiß
Kokosraspel

Honig mit Zucker, Salz, Butter und Wasser langsam erwärmen und zerlassen.

In einer Schüssel kalt stellen. Unter die fast erkaltete Masse Ei, Zimt und Bittermandelöl rühren.

Mehl mit Backpulver vermischen und 2/3 davon unterrühren, den Rest unterkneten.

Teig auf einer bemehlten Arbeitsfläche dünn ausrollen. Sterne in sechs Größen ausstechen und auf ein mit Backpapier belegtes Backblech geben.

Im vorgeheizten Backofen bei 175 Grad etwa zehn bis zwölf Minuten backen.

Eiweiß und Honig steif schlagen. Sterne mit der Eiweißmasse zu Bäumchen zusammensetzen.

Die Kokosraspeln zerkleinern und die Bäumchen damit bestäuben.

Kernige Fruchtriegel

Zutaten:
(für ca. 20 Riegel)
30 g Butter
30 g Zucker
100 g Honig
1 TL Zitronensaft
150 g Köllns Echte Kernige
50 g Köllns Knusprige Haferfleks
30 g Haselnüsse (grob gehackt)
30 g Sonnenblumenkerne
30 g getr. Pflaumen
30 g getr. Birnen
30 g getr. Aprikosen
30 g Rosinen

Die Butter zusammen mit Zucker sowie den Honig in einem Kochtopf schmelzen.

Zitronensaft, Köllns Echte Kernige, Kölln Knusprige Haferfleks, Haselnüsse sowie Sonnenblumenkerne hinzufügen und unter ständigem Rühren goldbraun rösten.

Trockenpflaumen, -birnen und -aprikosen würfeln und zusammen mit den Rosinen unter die Masse rühren.

Auf ein mit Backpapier ausgelegtes Backblech streichen und auf mittlerer Einschubleiste in dem vorgeheizten Backofen trocknen.

Noch warm in Riegel schneiden und abkühlen lassen. In einer gut verschließbaren Dose aufbewahren.

Bei Ober- und Unterhitze mit 150 Grad, bei Umlauft mit 130 Grad, für etwa 10 bis 15 Minuten trocknen.

Vollkorn-Honig-Cookies

Die Butter und den Honig schaumig rühren.

Ei, Vanille, das frisch gemahlene Weizenvollkornmehl, Salz und Natron unter Rühren zugeben.

Die gehackten Haselnüsse und die geraspelte Schokolade vorsichtig daruntermischen.

Auf ein gefettetes Blech mit einem Teelöffel kleine Häufchen in großem Abstand setzen.

Im vorgeheizten Ofen bei 175 Grad etwa 10 Minuten auf der zweiten Schiene von unten backen.

Die Cookies sofort vom Backblech lösen und auf einem Gitter abkühlen lassen.

Zutaten:
(für ca. 30 Plätzchen)
75 g Butter
100 g Honig
1 Ei
1 Messerspitze Vanille
100 g Weizenvollkornmehl
1 Messerspitze Salz
1/2 TL Natron
40 g Haselnußkerne
75 g Zartbitterschokolade

Schulhappen

Zutaten:

125 g Honig
200 g Zucker
150 g Butter
50 g geriebene Mandeln
200 g Köllnflocken
250 g Mehl
3 EL Kakao
3 TL Backpulver

Für die Füllung:

6 Eiweiß
200 g Zucker
1 TL Zitronensaft
60 g geröstete Köllns Kernige
1 Pk. Vanillezucker
1 Prise Salz
150 g Kölln Instant
250 g getrocknete Feigen

Alle Zutaten zu einem Mürbeteig verkneten. Den gut durchgearbeiteten Teig auf bemehlter Arbeitsplatte ca. 1/2 cm dick ausrollen und in Keksgröße von etwa 7 x 4 cm aufteilen.

Für die Füllung Eiweiß mit dem Zucker, der nach und nach dazugegeben wird, zu einem festen Schnee schlagen.

Die gerösteten Köllns Kernige, klein gewürfelte Feigen und alle anderen Zutaten unterrühren und die Füllung auf die Hälfte der ausgeradelten Teigstücke verteilen, mit dem restlichen Teig abdecken und auf gefettetem Backblech im vorgeheizten Ofen bei 175 Grad in etwa 20 Minuten backen.

Tip: Die Schulhappen halten sich in einem gut schließbaren Behälter lange frisch und können auf Vorrat gebacken werden. Sie können den Kindern portionsweise als „Pausenfrühstück" zur Schule mitgegeben werden.

Crunchies

Die Haferflocken, die Walnußkerne, die Trockenhefe, die Sonnenblumenkerne, die Leinsamenkerne und den braunen Rohrzucker vermischen.

Den Honig und das Öl unter die vorbereitete Mischung unterheben und die ganze Masse glattrühren.

Backblech mit Alufolie auslegen, leicht einfetten und die Masse darauf verstreichen.

In einen, auf 180 Grad vorgeheizten, Backofen schieben und in etwa 15 Minuten goldbraun backen.

Das Blech herausnehmen, abkühlen lassen, stürzen und die abgebackene Masse mit einem geölten Messer in Riegel schneiden oder in kleine Stücke brechen.

Zutaten:
250 g Köllns Kernige
250 g flüssiger Honig
1 TL Öl
100 g Walnußkerne
1 TL Trockenhefe
65 g Sonnenblumenkerne
65 g Leinsamenkerne
80 g brauner Rohrzucker

Energieriegel

Zutaten:
125 g Enzym-Fermentgetreide
125 g Honig
60 g Rübenkraut
0,1 l Original Kanne Brottrunk
50 g Hafer (aus dem Reformhaus oder dem Bioladen)
100 g kernige Haferflocken
40 g gemahlene Haselnüsse

Den Hafer für 20 Minuten lang weichkochen.

In einer Schüssel das Enzym-Fermentgetreide mit dem Honig und dem Rübenkraut vermengen, dann den Brottrunk dazugeben, das Ganze glattrühren.

In den zuvor gekochten Hafer, 80 g Haferflocken und die gemahlenen Nüsse unterheben und alles gut durchkneten.

Aus der Masse 12 Riegel à 50 g formen, diese in den restlichen Haferflocken wälzen und auf Backpapier setzen.

Im vorgeheizten Ofen bei 180-200 Grad für 12 bis 15 Minuten ausbacken.

Antoinetteschnitten

Zutaten:
100 g Zitronat
100 g Orangeat
200 g Rosinen
250 g Butter
10 EL Cognac
120 g Honig
1 Prise Salz
6 Eier
1 TL Macisblüte gemahlen
2 TL gemahlenen Zimt, Kardamom und Piment
250 g Honig
400 g Dinkelmehl
100 g Walnußkerne
100 g geschälte Pistazien

Zitronat und Orangeat grob hacken und in leicht erwärmtem Cognac zugedeckt durchziehen lassen.

Butter, 120 g Honig und Salz schaumig rühren und nach und nach Eier, Gewürze, dann den restlichen Honig und das Mehl zugeben.

Pistazien und Nüsse grob hacken und mit den marinierten Früchten mit einem Löffel unter den Teig heben.

Ein Backblech mit Backpapier ausgelegen. Die Masse gleichmäßig darauf verteilen.

Im vorgeheizten Backofen (175-200 Grad, Gas Stufe 2-3) etwa 15 bis 20 Minzten backen.

Nach Wunsch kann nach dem Backen noch eine Glasur aufgetragen werden.

Nach dem Abkühlen in mundgerechte Stücke schneiden und in einer Dose aufbewahren.

Honig

Honig-Sterne

Zutaten:
200 g Honig
25 g gesiebten Puderzucker
1 Pk. Vanillinzucker
375 g Weizenmehl
2 gestr. TL Backpulver
1 Ei

Zum Bestreichen:
1 Eiweiß oder Kondensmilch

Zum Verzieren:
Bunter Zuckerguß, Liebesperlen, Zuckerblüten

Den Honig, den Puderzucker, den Vanillinzucker und das Ei gut verrühren.

Mehl und Backpulver mischen. Zwei Drittel davon unter die Honigmasse rühren, den Rest des Mehls unter den Teig kneten.

Den Teig 0,5 cm dick ausrollen, Sterne in unterschiedlicher Größe ausstechen und auf ein, mit Backpapier ausgelegtes, Backblech legen. Mit verquirltem Ei oder Kondensmilch bestreichen.

Backofen auf 175 bis 200 Grad, oder Stufe 3 bis 4 bei Gasherden, vorheizen. Bei gleicher Temperatur 12 Minuten backen.

Nach dem Backen mit Zuckerguß verzieren und mit Liebesperlen und Zuckerblüten belegen.

Tip: Vor dem Backen ein Loch in die Sterne stechen, mit einem Bändchen versehen und als Tannenbaumschmuck verwenden.

Gefüllte Trockenpflaumen

Die geschälten Mandeln in einer Küchenmaschine sehr fein mahlen.

In einer Pfanne, ohne Zugabe von Fett, die Mandeln zum Dekorieren leicht anbräunen.

Unter ständigem Rühren den Blütenhonig zufügen, bis sich ein kompakter Kloß herausgebildet hat.

Nun die halben, entsteinten Trockenpflaumen in den entsprechenden Papiertütchen auslegen.

Jede der Trockenpflaumen mit etwas Mandelmarzipan belegen und abschließend mit den leicht angebräunten Mandeln verzieren.

Zutaten:
halbe, entsteinte Trockenpflaumen
100 g geschälte Mandeln
50 g Blütenhonig
leicht angebräunte Mandeln zum Dekorieren
Praliné-Papiertütchen

Gefüllte Trockenaprikosen

Zutaten:
getrocknete, halbierte Aprikosen
100 g geschälte Mandeln
50 g Blütenhonig
Walnußhälften
Praliné-Papierformen

Die geschälten Mandeln in einer Küchenmaschine sehr fein mahlen.

Unter ständigem Rühren den Blütenhonig langsam dazugeben, bis sich ein kompakter Kloß gebildet hat.

Die halbierten Aprikosen in den Praliné-Formen auslegen.

Jede Aprikosenhälfte mit etwas Mandelmarzipan belegen und abschließend mit den Walnußhälften dekorieren.

Haselnußmarzipan

Die geschälten Haselnüsse in einer Küchenmaschine sehr fein mahlen.

Unter ständigem Rühren den Blütenhonig zufügen und die Maschine so lange laufen lassen, bis sich ein Kloß gebildet hat.

In der Zwischenzeit die Schokolade bei geringer Hitze langsam auflösen und je nach Geschmack mit etwas Honig süßen.

Die Praliné-Formen auslegen und den Haselnußmarzipan zu kleinen Kugeln geformen.

Abschließend noch mit der Honigschokolade und den Pistazienkernen dekorieren.

Zutaten:
100 g geschälte Haselnüsse
50 g Blütenhonig
Blockschokolade, dazu eventuell etwas Honig zum Süßen
Pistazienkerne

Konfekt mit Honig

Zutaten für 20 Kugeln:
140 g Honig
120 g Enzym-Ferment-getreide (von Kanne)
60 g gem. Haselnüsse
20 g Haferflocken
25 g gehobelte und geröstete Mandeln
25 g gehobelte Haselnüsse

Das Enzym-Fermentgetreide mit den gemahlenen Haselnüssen und dem Honig gut durchkneten

Aus der Masse etwa 20 gleichgroße Kugeln formen. Die Kugeln in Haferflocken, gehobelten Mandeln und Haselnüssen wälzen.

Konfekt mit Mandeln

Zutaten für 20 Kugeln:
140 g Honig
120 g Enzym-Ferment-getreide (von Kanne)
50 g gem. Mandeln
1 EL Original Kanne Brottrunk
20 g Haferflocken
25 g gehobelte und geröstete Mandeln
25 g gehobelte Haselnüsse

Das Enzym-Fermentgetreide mit den gemahlenen Mandeln, dem Honig und dem Brottrunk gut durchkneten

Aus der Masse etwa 20 gleichgroße Kugeln formen. Die Kugeln in Haferflocken, gehobelten Mandeln und Haselnüssen wälzen.

Konfekt mit Rübenkraut

Zutaten für 20 Kugeln:
70 g Honig
70 g Rübenkraut
120 g Kanne Enzym-Ferment Getreide
1 EL Brottrunk
60 g gem. Haselnüsse
20 g Haferflocken
25 g gehobelte und geröstete Mandeln
25 g gehobelte Haselnüsse

Das Enzym-Fermentgetreide mit dem Honig, dem Rübenkraut, den gemahlenen Haselnüssen und dem Brottrunk gut durchkneten.

Aus der Masse 20 gleichgroße Kugeln formen. Die Kugeln in Haferflocken, gehobelten Mandeln und Haselnüssen wälzen.

Enzym-
Ferment®
Getreide
Ein milchsäurehaltiges Produkt
aus fermentiertem Vollkornbrot -
luftgetrocknet
250 g

Register

I, J

K

L

M

N

O

P

Q

R

S

T

U

V

W

X, Y, Z

Danksagung /Literatur / Quellen
Bildnachweis

Wir danken den folgenden Firmen, Verbänden und Institutionen für ihre freundliche Unterstützung durch Informationsmaterial in Wort und Bild, wichtige Hinweise, Tips und Ratschläge:

Firma Allos, Walter Lang, Mariendrebber
Bienenmuseum Illertissen, Neu-Ulm
CMA Centrale Marketing-Gesellschaft
der deutschen Agrarwirtschaft mbH, Bonn
Deutscher Imkerbund e.V., Wachtberg
gepa • Fair Handelshaus, Wuppertal
Honig Verband der Bundesrepublik
Deutschland, Hamburg
Langnese Honig, Bargteheide
Walter Rau, Speickwerk, Stuttgart

Firma Allos, Walter Lang (Hrsg.); Honigbroschüre; Mariendrebber • gepa Fair Handelshaus (Hrsg.) Das Honig-Sortiment; Wuppertal • Karl August Forster; Sammlung K. A. Forster - Die Biene; Küstnach/Zürich 1975 • Deutscher Imkerbund (Hrsg.); Bienenwelt; Wachtberg 1997 • Langnese Honig (Hrsg.): Merk-Würdiges von Imkern, Bienen & Honig; Bargteheide • ADIZ / die biene; verschiedene Ausgaben; 1998 • Dr. Reitter & Partner; Heilkräuter; Offenbach 1998 • Dr. Reitter & Partner; Hausapotheke; Offenbach 1998 • Edmund Herold, Gerhard Leibold; Heilwerte aus dem Bienenvolk; München 1996 • Birgit Frohn; Gesund und schlank mit Milch und Honig; Augsburg 1997 • Arne Lund; Natürlich heilen mit Honig; München 1997

Armin Spürgin (14); Surig-Essig-Essenz (11); CMA (7); Dante Margarine (1); Peter Kölln, Köllnflockenwerke (14); Honig Verband der Bundesrepublik Deutschland (17); Schneekoppe (1); Wirths PR (4); Kanne Brottrunk (4); Andechser Bio (2); Dr. Grandel (2); USA Sonnenblumenkerne (2); Info Banane (4); Kikkoman (1); Stock Food/Maximilian Stock LTD (1); Stock Food/J. J. Magis (1); gepa Fair Handelshaus (1); Bienenmuseum Illertissen - Sammlung K. A. Forster (3); Deutscher Imkerbund (3); Langnese (1)

Konzept und Produktion:
BUCHMACHEREI Ralf Rüffle; Stuttgart
Reproduktion:
NeuStart Medienoperating GmbH; Waiblingen

ISBN: 3-89755-495-X